Helena Hawley

Was uns die Tiere sagen wollen

D1987321

Helena Hawley

Was uns die Tiere sagen wollen

ch. falk-verlag

Aus dem Englischen
von Anna-Christine Raßmann

Illustriert von der Autorin

Originalausgabe
© der deutschen Ausgabe
ch.falk verlag, seeon 1993

Umschlaggestaltung:
ch.falk, j.nysten-riess, h.hawley

Satz: Plejaden Verlag, Boltersen
Druck: F. Steinmeier, Nördlingen

Printed in Germany
ISBN 3-924161-74-7

Inhalt

Widmung

Ich widme dieses Buch
den Tieren und Feen,
den Meerjungfrauen, Engeln und Bäumen,
die alle so viel dazu beigetragen haben,
daß mein Leben reicher und leichter geworden ist.

Vorwort

von Chris Griscom

Dies ist ein einsamer Planet. Einsam in seiner Illusion, ganz allein am Abgrund des Weltraumes zu stehen, wo keine andere Intelligenz, keine Lebenskraft, kein Begleiter ihn auf seiner ewigen Reise zu irgendeinem illusionären Ziel belehrt oder tröstet. Wir Menschen, die wir uns als höchste Gattung und Verwalter dieses einsamen Planeten fühlen, sind schon fast von unserem evolutionären Weg zur Ganzheit abgekommen, weil wir so hartnäckig daran glauben, daß wir allein die Intelligenz haben, die Entscheidungen zu treffen, die unsere Welt gestalten. Ganz behutsam versuchen jedoch die anderen Arten, die mit uns auf den physischen und nicht-physischen Ebenen leben, unsere Grenzen aufzuweichen und uns von dem Wahnsinn unseres selbstauferlegten Isolationismus zu befreien.

Die Zeichen unserer Einsamkeit sind überall auf dem Planeten schmerzlich sichtbar geworden. Einzelne, ganze Gesellschaften und Nationen von Menschen suchen irgendeine neue Erfahrung von Heimat, von Verbundenheit mit der Quelle. Nur das Kind in uns scheint noch eine ferne Erinnerung an die Verbundenheit mit anderen als menschlichen Formen zu bewahren. Das Kind in seiner göttlichen Gleichheit kann mit Steinen und Pflanzen sprechen, mit Insekten und allen Tieren und empfindet den Trost, das Vergnügen und die Führung, die diese persönliche Beziehung ihm schenkt.

Kindern gibt die Kommunikation mit Tieren in der seltsamen Welt, in der wir leben, Gesellschaft und Trost für ihre zarte Seele. Jedes Kind erlebt im zarten Alter übersinnliche Kommunikationen mit vielen Formen lebender Wesen – Engel, Devas und Außerirdische eingeschlossen; die kosmische Wahrnehmung und die Fähigkeit, höheres Wissen zu empfangen, machen es reich.

Helena Hawleys vorzügliches Buch *Was uns die Tiere sagen wollen* öffnet die Schleusen unseres Herzens, unseres Geistes und unserer Erinnerung. Es ist ein Buch, das uns inspirieren und unser tiefinneres Wissen anrühren kann, daß wir mit den anderen Wesen, die diesen Planeten mit uns teilen, kommunizieren können. Durch Helenas wunderbare übersinnliche Fähigkeiten wird uns eine große und wichtige Lehre zuteil: nicht nur, daß Tiere sprechen können, sondern daß sie uns auch, wenn sie sprechen, unser wahres Sinnziel enthüllen. Ihre flehentliche Bitte ist, uns daran zu erinnern, daß wir als Verwalter dieses Planeten uns bewußt werden müssen, wie sehr wir sie gefährden, und daß wir zu einer harmonischen Beziehung mit ihnen zurückkehren müssen, wenn unsere Welt den Sprung in die lichten Frequenzen der kosmischen Dimensionen schaffen soll.

Dieses Buch ist ein Meilenstein für Menschen, die sich an ihren Platz im Universum erinnern wollen. Helena schreibt ihre Geschichte so geradeheraus, daß sie uns in dem Maße, wie wir an ihrem Leben teilhaben dürfen, lieb und teuer wird. Ihr Weg führt aus hoffnungsloser Getrenntheit in die drängende Bewußtheit, Teil eines größeren Ganzen zu sein, dem sie auf sinnvolle Weise helfen kann. Ihr machtvoller Durchbruch zur Bewußtheit über sich selbst erhöht unser Gefühl für unseren eigenen Wert.

Die Stimmen der Tiere kommen ganz klar aus deren wunderbarem Geiste, nicht aus irgendeinem emotionalen Trostbedürfnis, sondern von einem Ort außerordentlicher Würde und Wahrheit. Wie die Tiere Helena als ihrer Sprecherin vertrauen, so vertrauen auch wir ihr und spüren, welche Ehre es für sie ist, alle diese Botschaften der Tiere zu überbringen. Wie alle guten Lehren werfen sie zunächst Licht auf das individuelle Bewußtsein, so daß sie ihre persönlichen karmischen Realitäten klären und sich ohne Verzerrungen oder persönliche Schleier auf eine höhere Schwingungsebene begeben kann.

Für Helena ist Meditation ein integraler Bestandteil ihres täglichen Lebens geworden. Ihre tiefe Beziehung zu Mutter Natur löst in uns die Sehnsucht aus, in uns selbst dieselbe Vertrautheit zu finden. Es ist sehr inspirierend für den Leser, mit ihr in diese friedlichen veränderten Bewußtseinszustände einzutreten, die zu Fenstern für die Kommunikation zwischen verschiedenen Gattungen werden.

Die meisten der Tiere, die mit Helena sprechen, sind "wilde Tiere", die beredt die Realität ihres Kampfes um die Koexistenz mit uns schildern. Sie sind weise und geduldig, und doch wecken sie den Hunger unserer eigenen Seele nach dem freien und aufregenden Leben, das sie für uns repräsentieren. Das wilde Tier ist für unseren Geist dasselbe, was das Haustier für unsere Gefühle bedeutet.

Wir Menschen neigen dazu, unsere Gefühle auf die Tiere zu projizieren, die wir Haustiere nennen, und ihre Psyche so zu beeinflussen, daß sie in der Tat menschliche Züge annehmen. Wir sprechen mit ihnen und sind uns sicher, daß sie uns verstehen, aber kaum jemals kommen wir auf den Gedanken, daß auch sie uns etwas zu sagen hätten! Die Botschaften der Tiere an Helena sind rührend und einfach. Sie sprechen in unserer Ausdrucksweise und über gemeinsame Probleme. Sie geben uns ein Gefühl des Staunens darüber, daß diese Wesen tatsächlich nicht nur unseren Planeten mit uns teilen, sondern auf irgendeine seltsame Weise auch unser Bewußtsein.

Helenas Beschreibung des "Rates der Tiere" elektrisiert uns mit der Enthüllung, daß nicht nur einzelne Tiere die Barrieren zwischen den Gattungen überwinden können, sondern daß ganze Gruppen sich versammeln, um die Situation des Kollektivs zu begutachten! Angesichts einer solchen Möglichkeit müssen wir überlegen, ob es nicht von tiefer Nützlichkeit für uns sein könnte, wenn wir die Brücke des Bewußtseins überschreiten und hören könnten, worüber sie sprechen.

Schließlich sind die Delphine zwei Millionen Jahre länger auf dem Planeten als wir, und möglicherweise sind wir gar nicht die überlegene Rasse, sondern ihnen gegenüber so etwas wie "kleine Brüder". Grashüpfer können ein Enzym produzieren, das sie vor Strahlung schützt. Vielleicht können wir sie danach fragen, bevor unser eigenes Erbgut durch die zunehmende Strahlenbelastung auf dem Planeten gefährdet ist. Es ist sehr wichtig, daß wir die innewohnende Intelligenz in allen Gattungen erkennen und anfangen, die Weisheit ausfindig zu machen, die für unsere globale Lebensgemeinschaft lebenswichtig ist.

Das Bild des Rates der Tiere knüpft an die alten Mythen an, die vom vollkommenen Frieden sprechen, wenn "der Löwe neben dem Lamm liegt", und an Prophezeihungen, die in einer fernen Zukunft

Frieden versprechen. Es ist atemberaubend zu sehen, wie andere Gattungen jetzt einen Dialog führen, den wir Menschen nicht geschafft haben. Durch die Hilfe von Menschen wie Miß Hawley müssen wir uns ihnen anschließen und hören, was die unendlich vielen anderen sagen.

Beunruhigt hören wir die Tiere darüber sprechen, wie wir Menschen das feine Gleichgewicht auf unserem Planeten zerstören. Es ist nicht zu spät, den Schaden zu beheben und mit der Hilfe unserer Brüder, der Tiere, eine neue harmonische Existenz zu schaffen.

Die großen Bücher, die uns aus den Uranfängen der Geschichte überliefert sind, erzählen Legenden von Wesen, die in der Gestalt von Göttern auf der Erde wandelten. Sie alle verfügten über telepathische und übersinnliche Kräfte, die sie benutzten, um alle lebenden Formen zu lehren. Wir müssen uns dieser Fähigkeiten telepathischer, übersinnlicher und spiritueller Kommunikation wieder besinnen, um unser menschliches Schicksal zu erfüllen.

Es ist ein Echo in unserem Blut, eingeschlossen in uralte DNS-Moleküle, von den Ursprüngen unserer eigenen himmlischen Körper. Wir Menschen erwachen endlich aus einem todähnlichen Schlaf und erinnern uns an Dinge, die noch vor der Zeit von Atlantis verlorengingen, als wir mit allen Wesen sprechen konnten.

Während der Zeit von Atlantis, als das Männliche und das Weibliche getrennt wurden und durch Gen-Manipulationen merkwürdige und unausgewogene Arten entstanden, verloren wir unsere höheren Fähigkeiten und betraten eine lange Geschichte von Dunkelheit und Zweifel. Unsere DNS ist so voll von Ängsten, die aus den Kämpfen einer Gattung gegen die andere und sogar der Stämme untereinander herrühren, daß es uns schwerfällt, unsere defensive Getrenntheit genügend aufzugeben, um uns übersinnlich auf irgend etwas anderes außerhalb von uns einzustimmen.

Es hat immer Menschen gegeben, die diese Fähigkeiten selbst unter dem Schatten unserer ständigen Kämpfe beibehalten haben, und die Bereitschaft, solch fantastische Fähigkeiten einzugestehen, erneuert allmählich unseren Stolz auf die menschliche Rasse. Das Licht des Bewußtseins ist beharrlich, und wir werden wieder an die Ufer unbegrenzter

Möglichkeiten kommen. Wir werden für uns in Anspruch nehmen, was einst ganz natürlich zum Menschsein gehörte: übersinnlich alles wahrzunehmen, das Herz jedes lebenden Wesens zu hören, und, indem wir kommunizieren, wer wir sind, uns auf die Freude und Ekstase zu besinnen, die Teil von uns ist.

Hier werden uns unsere Freunde aus dem Tierreich von großem Nutzen sein. Dem Negativen in unseren eigenen Kulturen mißtrauen wir, und es ist daher leichter und gewissermaßen auch dringlicher für uns, mit unseren Brüdern aus dem Tierreich zu kommunizieren. Indem wir erkennen, daß wir mit dem Tierreich telepathisch verkehren können, werden wir vielleicht wieder so offen und kindlich, daß sich der Schleier unserer physischen und dimensionalen Verwirrung lüften kann.

Helena Hawley spricht als eine der ersten mit Meerjungfrauen und enthüllt uns etwas über ihre wahre Natur. Zu wissen, daß wir mit ihnen interagieren können, kann für unser Verständnis von den großen Ozeanen, die 80% unserer Erde bedecken, sehr wichtig sein. Wir müssen dringend etwas über das Meer und seine Rolle im Gleichgewicht des Planeten lernen.

Die Meerjungfrauen können uns lehren und uns auf eine neue Oktave der Beziehung zu dieser ursprünglichen Heimat führen, der wir vor so vielen Äonen entflohen sind. Unter der Anleitung dieser Meeresgeister, die das Meer in gleicher Weise hüten wie die Pflanzengeister oder Devas das Pflanzenreich, können wir vielleicht zur Harmonie des Ganzen beitragen. Die Gesundheit unserer Ozeane wird für das zukünftige Wohlbefinden aller Erdenbewohner zweifellos eine lebenswichtige Rolle spielen.

Durch die Kommunikation mit dem Geist der Tiere, der Elfen und Seejungfrauen erkennen wir immer mehr die Lebenskraft, die allen Dimensionen und Welten innewohnt, die die unsere beeinflussen. Gestärkt durch die Dankbarkeit, ein größeres Ganzes zu erleben, können wir uns vielleicht wieder erlauben, zu sehen, daß wir alle immer untrennbar miteinander verwoben sind und daß wir unserem mitfühlenden inneren Wissen darum, was tief in den anderen um uns herum vor sich geht, vertrauen können. Laßt uns mit neuer Verpflichtung und Liebe in unsere Gärten, an unsere Meere und zu unseren Seelenfreunden, den Tieren, zurückkehren.

Ich bin Helena Hawley zutiefst dankbar dafür, daß sie der Welt dieses Buch schenkt. Die machtvolle Herzensenergie, die von den Tieren und Geistern der Wesen ausgeht, hat mich tief bewegt. Ihr Bewußtsein und ihre tiefe Weisheit sind ein Geschenk für uns alle. Ich fand Helenas Zeichnungen so wunderschön, daß ich sie immer wieder berühren mußte, um die köstlichen Schwingungen zu spüren, die durch das Medium direkt zu Papier kommen. Sie ist eine vollendete Künstlerin und ein vollkommenes Medium.

Mit großer Liebe

Chris Griscom

Einleitung

Ich schreibe dieses Buch, um weiterzugeben, was mir selbst gegeben worden ist. Es ist mir eine große Freude, einige der Botschaften, die ich aus dem Reich der Tiere und aus anderen nicht-menschlichen Reichen empfangen habe, mit Ihnen zu teilen. Ich bin sicher nicht der erste Mensch, der solche Dinge erlebt hat, aber ich halte meine Erfahrungen für einen wertvollen Beweis dafür, daß diese Dinge tatsächlich geschehen, und deshalb möchte ich davon erzählen.

Zuerst wollte ich nur die Botschaften der Tiere veröffentlichen und hielt es für völlig überflüssig, irgend etwas über mich zu schreiben. Selbst wenn die Tiere mich aufgefordert hätten, etwas von mir zu erzählen, hätte ich es wahrscheinlich nicht getan. Sie baten jedoch meine gute Freundin Linda Tellington-Jones, die so viel für sie tut, mir zu sagen, daß ich mich wirklich in diesem Buch zeigen solle. Ich sehe jetzt auch, daß dadurch alles, was ich hier schreibe, für den Leser viel realer wird.

Ich hatte ein paar spontane Rückerinnnerungen an meine frühe Kindheit und wie damals alles für mich war und kann deshalb Dinge berichten, über die ich sonst nichts wüßte. Einen Teil meiner Geschichte weiß ich aus Erzählungen anderer, und das meiste stammt einfach aus meiner eigenen Erinnerung.

Das erste, woran ich mich erinnere, geht in die Zeit zurück, als ich ein Baby war. Ich war so winzig, daß ich das Gefühl hatte, meine Mutter hielte mich mehr in den Händen als in den Armen – wahrscheinlich war es ein bißchen von beidem. Ich hatte keine Worte und sah nicht sehr weit. Ich spürte, daß ich für die Person, die mich hielt, etwas Neues war und daß sie meine winzigen Gesichtszüge und Gliedmaßen mit Freude betrachtete. Ich fühlte mich wie im siebten Himmel, als meine

Mutter mich so ansah. Ich spürte die Berührung ihrer Hände und Finger, teils direkt, teils durch irgendwelche Stoffschichten, in die ich eingewickelt war, und lag da völlig fasziniert von den verschiedenartigen Empfindungen, die ich durch die Berührung eines anderen menschlichen Wesens erlebte und die so anders waren als das, was ich beim körperlichen Kontakt mit zum Beispiel den Seitenwänden meines Kinderbettchens spürte. Ich genoß es, einen Körper zu haben, und war noch in Verbindung mit der Liebe und mit dem, was ich war. Es war eine glückliche und zufriedene Phase meines Lebens.

Als ich älter wurde, nahm mein Bewußtsein über meine Verbundenheit mit den unsichtbaren Welten nur teilweise und allmählich ab, und ich wurde deshalb abhängiger von der Liebe der Menschen um mich herum, um mich sicher zu fühlen. Als meine zwei Jahre jüngere Schwester geboren wurde, bekam ich viel weniger Aufmerksamkeit und fühlte mich nicht mehr sicher. Ich wurde damals launisch und schwierig.

Zu der Zeit hatte ich keine Ahnung mehr davon, warum ich auf der Welt war und woher ich kam. Ich wußte nur, daß ich geliebt werden wollte und daß man mir ständig versichern sollte, ich sei das Wichtigste auf der Welt. Statt dessen sagte man mir bald, ich solle nicht so egoistisch sein, und das schien zu heißen, daß ich Sachen weggeben sollte, die ich behalten wollte. Ich blieb daher egoistisch. Ich hatte nie Mangel an warmer Kleidung, Essen oder Spielzeug, aber wie viele Kinder sehnte ich mich nach mehr Zuwendung. Ich war von Natur aus ein Tagträumer, wie viele Kinder mit übersinnlichen Fähigkeiten, aber ich lernte schon früh, daß es besser war, nicht darüber zu sprechen, wenn ich zum Beispiel etwas Blaues unter meiner Schlafzimmerkommode hervorschweben sah. Wenn ich so etwas sagte, wurde mir erklärt, ich solle nicht so dumm sein. "Natürlich ist da nichts. Du bist sicher übermüdet, also geh ins Bett und schlafe." So entdeckte ich, daß nicht jeder alles sehen konnte, was ich sah.

Eines sonnigen Nachmittags ging ich auf den Rasen hinaus, wo meine kleine Schwester im Kinderwagen schlief. Ich spähte über den Rand des Wagens und sah sie an. Sie war offenbar der Grund dafür, daß meine Welt nicht so war, wie ich es mir wünschte, aber was konnte ich tun? Sie war in meine Welt eingedrungen, und ich fühlte mich hilflos und hoffnungslos, denn ich wußte nicht, was ich hätte tun können, um irgend etwas für mich zu ändern. Ich war viel zu klein, um mich zu fragen, wie es wohl für sie sein mochte.

Ich hatte keine Lust, “groß” zu werden, denn das bedeutete für mich, von der Liebe weg zu wachsen. Je unabhängiger ich selber wurde, desto weniger wurde für mich getan und desto ungeliebter fühlte ich mich. Meine kleine Schwester war noch klein genug, um von meiner Mutter auf den Schoß genommen zu werden, aber wenn ich das auch wollte, hieß es, ich sei zu alt dafür. Da ich mich nicht jünger machen konnte, mußte ich eben ohne Schoß auskommen. Ich hatte ein Kindermädchen, von dem ich körperliche Zuwendung bekam, aber meine Mutter war wohl dazu erzogen worden, jeden, wenn möglich, eine gute Armeslänge von sich fernzuhalten. Ich fühlte mich abgelehnt, und es sollte nicht das letzte Mal sein, daß ich mich so fühlte.

Im Alter von etwa fünf Jahren kam ich in die Tagesschule, und das gefiel mir gar nicht. Ich spielte viel lieber daheim in unserem Garten meine Phantasiespiele. Es gefiel mir nicht, daß ich mein Gehirn benutzen sollte, und ich gab mir keinerlei Mühe, Schreiben, Lesen oder Rechnen zu lernen. Glücklicherweise erklärte mir meine Mutter, man würde mich auslachen, wenn ich diese Dinge nicht lernte wie alle anderen. Das erschien mir als solch schlimme Drohung, daß ich mich ein wenig bemühte, und tatsächlich machte es mir Spaß, als ich anfangen konnte, Kindergeschichten zu lesen. Zu der Zeit war ich schon ein Jahr älter als die meisten anderen in meiner Klasse. Zurückgeblieben nennt man das. Das nächste Ventil für meine übersinnlichen Fähigkeiten schaffte ich mir einfach dadurch, daß ich meine blühende Phantasie dazu benutzte, Szenen zu erfinden, die ich in der Schule mit meinen Freunden aufführen konnte. Ich war normalerweise der Star in diesen Geschichten. Ich betrachte das als ein normales Verhaltensmuster bei Kindern, das die meisten jedoch später im Leben zu unterdrücken lernen. Gewöhnlich geht es durch die formale Erziehung automatisch verloren, weil dabei meist nur die analytische, denkende Gehirnhälfte entwickelt wird.

Mit neun Jahren kam ich in ein Internat. Hier wurde meine intuitive Seite wieder aktiv, denn ich wurde eine beliebte Geschichtenerzählerin, einfach dadurch, daß ich ein paar Erlebnisse auf der astralen Ebene oder aus vergangenen Leben erzählte, an die ich mich manchmal erinnerte. Ich weiß noch, daß die anderen Kinder mich fragten: "Hast du jemals so jemanden gekannt wie das?" oder "Wo in aller Welt hast du bloß diese Geschichten her?" "Sie kommen einfach aus meinem Kopf", konnte ich damals nur sagen, aber ich fühlte mich mit dieser Darstellung nicht ganz wohl, ohne daß ich hätte sagen können warum.

Ich hatte keine Ahnung, daß meine übersinnliche Wahrnehmung weiter entwickelt ist als bei vielen anderen Menschen. Ich wuchs in einer Umgebung auf, wo über solche Dinge nie gesprochen wurde. Wie viele Kinder war ich fasziniert von Feen, Engeln, Elfen, Gnomen, Hexen und Geistern, und wie viele andere verlor auch ich in dem Maße, wie die harte Welt der Erwachsenen mich vereinnahmte, den größten Teil meiner Intuition. Die übersinnlichen Sinne verkümmerten einfach.

Man könnte nun meinen, daß ich mich dadurch reibungslos in die Gesellschaft einfügte, aber das war nicht immer der Fall. Ich war noch nicht lange auf dem Internat, als schon gemunkelt wurde, ich sei vielleicht nicht ganz richtig im Kopf. Schließlich bezeichneten die anderen Mädchen mich ganz offen als verrückt. Es war eine schreckliche Brandmarkung. Niemand wollte mehr in meiner Nähe gesehen werden, um nicht von den anderen damit aufgezogen zu werden, daß sie mit einer Verrückten spielten. Nach einer Weile sprachen wieder ein oder zwei Mädchen mit mir, aber der Schaden war schon geschehen. Ich hatte jetzt Angst, mich irgend jemandem wirklich zu zeigen, weil ich befürchtete, sie würden mich für noch verrückter halten, als ich sowieso schon galt. In meinem verzweifelten Verlangen nach ein wenig Anerkennung oder wenigstens der Möglichkeit, ein wenig an mich selbst zu glauben, fragte ich einen oder zwei Lehrer an der Schule, ob sie mich für verrückt hielten. "Nein, du bist nicht verrückt", sagten sie mir, aber bei siebzig Mädchen in der Schule, die vom Gegenteil überzeugt waren, konnte ich mir nicht vorstellen, wie so viele sich irren sollten.

Als Ergebnis davon war ich immer öfter alleine. Die Kinder hänselten mich erbarmungslos. Ich regte mich sehr leicht darüber auf, und deshalb machte es ihnen großen Spaß. Meine Großmutter tröstete mich und sagte, daß Kinder, die viel gehänselt werden, oft sehr nette Menschen würden, und riet mir, die anderen nicht sehen zu lassen, wie sehr ich mich ärgerte, dann würde es ihnen langweilig. Es half auch tatsächlich. Für mein anderes Problem hatte ich jedoch keine Lösung, und ich war deshalb sehr erleichtert, wenn ich einfach allein sein konnte. Es war, wie wenn ich einem Schwarm Stechfliegen entkam. Ich begriff nie, wie ich besser mit den Leuten zurechtkommen sollte oder warum sie mich für verrückt hielten. (Weiter hinten im Buch werden Sie lesen, daß ich es schließlich herausfand, aber das war dreißig Jahre später.) Damals dachte ich oft, wenn ich nur wüßte, was mich so verrückt erscheinen ließ, könnte ich mein Verhalten vielleicht ändern und akzeptiert werden. Ich wurde jedoch immer menschenscheuer und zurückgezogener und fand mein Vergnügen und meinen Selbstausdruck in der Musik und in der Kunst.

Etwas Wundervolles geschah in meinem Leben: Meine Eltern kauften ein Pony. Ponys sind einfach wunderbar, denn sie kennen keinen Unterschied zwischen Gesunden und Verrückten. Sie nehmen einen einfach so, wie man ist. Als ich das Gefühl hatte, der Rest der Welt sei gegen mich, und mich wie eine Aussätzige fühlte, merkte ich, daß das Pony von mir genauso gern eine Mohrrübe annahm wie von irgend jemand anderem. Kein Wunder, daß mir die Schule verhaßt war und ich mich nach den Ferien sehnte, wo ich heimfahren und wieder mein Pony reiten konnte!

Dieses Pony lehrte mich wichtige Dinge und ebenso das nächste, das gekauft wurde, als ich für das erste zu groß geworden war. Das zweite Pony war außerordentlich nervös; es war offenbar von den Menschen unfreundlich behandelt worden, bevor meine Eltern es kauften. Ich konnte es nur zu hundertprozentiger Mitarbeit bewegen – und das kostete mich Jahre -,wenn ich in jedem Augenblick sanft und geduldig mit ihm umging. Das lehrte mich, mein wildes und ungebärdiges Temperament zu zügeln. Es war mir wichtiger, das Vertrauen des Ponys zu gewinnen als wütend zu werden, was mir nichts einbrachte. Ich lernte, daß ich meine Ziele schneller erreichen konnte, wenn ich meine Gefühle unter Kontrolle hielt.

Nach meinem ersten Jahr in der Schule vergaßen die Kinder wohl allmählich ihr hartes Urteil über meinen Geisteszustand, und ich hatte es eine Zeitlang leichter. Nach vier Jahren auf dieser vorbereitenden Schule mußte ich jedoch an die Oberstufe überwechseln, und das war ein Schock für mich. Dieser Teil der Schule lag nicht auf dem Land, sondern in der Stadt, und, was noch viel schlimmer für mich war, der Wechsel brachte mich wieder in Kontakt mit vielen Menschen, die ich noch nie gesehen hatte. Zu meinem Entsetzen fanden fast alle, daß ich geisteskrank sei, und wieder verstand ich nicht warum. Ich erinnere mich nur an zwei Mädchen aus der obersten Klasse, die sagten: "Nein, nein, sie ist nicht verrückt, nur sehr geistesabwesend". Sicher hatten sie keine Ahnung, wieviel mir ihre Worte bedeuteten. Diese winzige Minderheit zu finden, die mich als gesund akzeptierte, auch wenn sie zu alt waren, um meine Freundinnen sein zu wollen, war mein größter Trost. Wahrscheinlich waren noch andere dieser Meinung, aber die Menschen trauen sich oft nicht, sich gegen die Mehrheit zu stellen. Dieses Mal hielt sich das Urteil Gottseidank nicht so lange wie in der Unterstufe, so daß ich gegen Ende des dritten Jahres anzunehmen wagte, ich sei relativ normal.

Leider mochte ich die Schularbeit noch immer nicht. In den Zeugnissen, die dreimal im Jahr an meine Eltern geschickt wurden, stand häufig, ich könne Besseres leisten. Es stand auch darin, ich sei ungesellig. Dieser letzte Punkt muß meinen Eltern Sorge gemacht haben, denn sie ermahnten mich, mehr mit den anderen zu verkehren , weil es unfreundlich sei, das nicht zu tun. Allerdings konnte mir niemand sagen, wie ich das anfangen sollte, und ich konnte mich unmöglich dazu bringen, es zu wollen. Trotz meiner schlechten Zeugnisse konnten wohl ein paar Lehrer meinen Fragen und meiner Mitarbeit im Unterricht entnehmen, daß ich einen annehmbaren Intelligenzquotienten haben müsse. Vielleicht war ich so geistesabwesend oder mein starker Hang zum Tagträumen machte es mir so schwer, mich an irgend etwas zu erinnern, was wir lernen sollten. Bei sehr seltenen Gelegenheiten, wenn ich mir wirklich Mühe gab, etwas zu lernen, merkte ich, daß ich es sehr wohl konnte, aber nur, wenn ich mindestens dreimal so viel Zeit dafür hatte wie alle anderen. Das hieß, daß ich auch mit meinen besten Bemühungen niemals annehmbare Zeugnisse würde erzielen können. Ich gab einfach auf, denn es war ein Schwimmen gegen den Strom. Meine Eltern machten sich Sorgen, und auf ihre Anfrage hin wurden bei einer Lehrerbesprechung meine Erfolgschancen bei den Schulabschlußprüfungen untersucht und für Null befunden.

Meine Eltern wollten wahrscheinlich am Ende meiner schulischen Laufbahn nicht mit einem hirnlosen und unfähigen Kind dastehen, daher wurde ich aus der Schule genommen und in einem Institut untergebracht, wo ich hoffentlich genug Hilfe bekäme, um am Ende wenigstens einige Prüfungen zu bestehen. Ich war zwar froh, die ungeliebte Schule verlassen zu können, fürchtete mich aber auch davor, an einem neuen Ort sicherlich wieder wegen meines Geisteszustandes abgelehnt zu werden. Wie sich herausstellte, war diese Institution jedoch ein Platz für verschiedenste schwarze Schafe oder Leute, die wegen Mißverhaltens aus ihrer Schule geflogen waren. Ich glaube, ich war die Normalste dort. Ich wurde nur geneckt, weil ich meistens Röcke trug und nicht wie die anderen hautenge Jeans, die einem alles einschnürten. (Damals gab es noch keine Stretch-Jeans.) Wir hatten viel mehr Freiheit als in der anderen Schule, und so machte ich mit einer meiner Außenseiterfreundinnen wunderbare lange Spaziergänge, und keine von uns beiden lernte irgend etwas. Am Ende des Jahres bestand ich mein Examen in Musik und Kunst und fiel in allen anderen Fächern durch. Hoffnungslos, wie ich war, war ich sowieso nur zu drei anderen Fächern zugelassen worden. Ich sollte vielleicht hinzufügen, daß ich Wert darauf legte, ein hoffnungsloser Fall zu sein, denn nur so ließen sich die Leute davon abhalten, mir noch mehr Dinge beibringen zu wollen, mit denen ich nichts zu tun haben wollte. Ich war unmotiviert und desinteressiert.

Ich habe meinen Eltern, glaube ich, nie erzählt, für wie verrückt mich so viele Leute hielten, denn soweit ich das sehen konnte, fanden sie mich wohl begriffsstutzig, aber sonst normal, und ich wollte auf keinen Fall ein noch schlechteres Urteil riskieren. Dieses kleine bißchen Anerkennung als mehr oder weniger normaler Mensch in meinem Elternhaus war mir sehr wichtig.

Unglücklich über meinen schulischen Mißerfolg, beschlossen meine Eltern, etwas anderes für mich zu probieren. Sie ließen mich zu Hause und schickten mich nur zweimal in der Woche zu einem Privatlehrer, und schließlich schaffte ich zwei weitere Examen in Englisch und Geschichte (entsprechend etwa der Mittleren Reife). Meiner Meinung nach hatte dieser Erfolg weniger mit meinem Privatunterricht zu tun als mit einer klugen Idee meiner Mutter. Während ich in der Schule für schlechte Leistungen bestraft wurde, so daß ich beinahe nur etwas tat, um nicht getadelt zu werden, hatte meine Mutter den Geistesblitz, mir zu sagen, wenn ich jeden Morgen von neun bis zwölf lerne, könne ich den Rest des Tages tun, was ich wolle. Wenn ich also vormittags mein Bestes gab, konnte ich den Nachmittag relativ himmlisch mit meinem Pony verbringen. Endlich konnte ich in meinem eigenen Tempo und ohne Wettbewerbsdruck arbeiten und dafür auch noch belohnt werden. Ich schaffte die Geschichtsprüfung mit einer guten Note, und das zeigte mir, daß ich auf meine eigene Art und in meinem eigenen Tempo Informationen durchaus lernen und lange genug behalten konnte, um eine Prüfung darüber abzulegen, auch wenn ich sie viel schneller wieder vergaß, als ich sie gelernt hatte. Prüfungen sind sehr oft einfach Gedächtnisübungen. Entweder man hat ein Gedächtnis oder man hat keines. Das hat meist mit wirklicher Intelligenz wenig zu tun. Es ist wahrscheinlich für jeden einzelnen verschieden, aber so kam es mir vor.

Ich war sehr dankbar, als meine schulische Erziehung endlich zu Ende war und ich eine Laufbahn mit Pferden einschlagen durfte. Meine Mutter beurteilte meine Chancen ziemlich pessimistisch, weil sie meinte, ich sei so langsam, daß sie sich nie vorstellen könne, wie ich als Stallbursche jemals irgend jemandes Pferd rechtzeitig fertig haben könnte, und deshalb sicher keine Anstellung bekäme. Freunde hatten ihr außerdem gesagt, Pferde machten viel Arbeit, was normalerweise stimmt, und ich hatte ja nie Neigung zu irgendwelcher Arbeit gezeigt. Ich glaube, beide Eltern zweifelten daran, daß ich länger als ein bis zwei Monate bei der Sache bleiben würde. Ich bettelte darum, es versuchen zu dürfen, denn sonst konnte ich nur Sekretärin werden, und das bedeutete für mich die Verdammung zur ewigen Hölle. Noch schlimmer war, daß man dafür nach London mußte, wie ich dachte, und dann auch dort arbeiten, und auch das gefiel mir überhaupt nicht.

Ich haßte Partys und alle gesellschaftlichen Ereignisse, wo man Leuten und insbesondere fremden Leuten begegnete, ich haßte absolut alles, was mich von den Pferden fernhielt. Wenn meine Eltern Freunde zum Tee oder zu einem Glas Wein eingeladen hatten, versteckte ich mich, wenn möglich, meistens in der Küche: Meine Mutter beklagte sich, daß ihre Freunde denken könnten, sie behandle mich wie einen Dienstboten, der nicht ins Wohnzimmer durfte, wenn Gäste da waren. "Die Leute werden auch denken, mit dir stimmt etwas nicht, wenn du dich so versteckst", sagte sie. "Es ist sehr schwierig für uns, ihnen das zu erklären." Ich änderte mich nicht. Ich erschien nur unter Protest "in der Öffentlichkeit", wenn es sich absolut nicht vermeiden ließ. Ich war so gern bei den Pferden, und Menschen mochte ich nicht. Die meisten Leute kamen mir ziemlich falsch vor, und das war kaum verwunderlich, da ich weder mich selbst noch sonst irgend jemanden verstand. Wenn ich sage "ziemlich falsch", dann ist das vielleicht eine ungerechte Verurteilung, aber es stimmt sicherlich, daß andere Leute viel besser wußten als ich , wie man miteinander umgeht. Sie schienen sich auf all die gesellschaftlichen Nettigkeiten zu verstehen, die ich nicht gelernt hatte. Ich hatte überhaupt kein Taktgefühl, verstand überhaupt nicht, was das war. Ich wußte nur von anderen, daß es eine notwendige Fähigkeit war, die mir fehlte. Das bedeutete, daß ich früher oder später immer ins Fettnäpfchen trat und dann tödlich verletzt war, wenn andere sich nach einem solchen "faux pas" von mir zurückzogen.

Auch wenn ich zuweilen sehr faul bin, erschien mir die harte Arbeit in der Karriere meiner Wahl doch lohnenswert, denn dadurch konnte ich bei den Pferden bleiben. Anfangs war ich sicherlich ein langsamer Stallbursche, aber mit zunehmender Übung wurde ich besser. Ich arbeitete mich langsam hoch, erwarb mehr und mehr Kenntnisse und merkte mit der Zeit, daß die Leute mich lieber als Reitlehrerin anstellten denn als Stallburschen. Ziemlich widerwillig wurde ich so allmählich immer mehr zur Lehrerin. Ich wurde als "Hauptmädchen" oder "Hauptlehrerin" einiger Reitställe angestellt u.s.w. Tatsächlich paßte das in gewisser Weise viel mehr zu mir. Es stellte mich vor eine Herausforderung, die mich motiviert hielt, und ich merkte, daß ich einen Reitstall genausogut führen konnte wie irgend jemand sonst. Für andere verantwortlich zu sein half mir, rasch erwachsen zu werden. Dies ging eine Zeitlang so weiter. Mit fünfunddreißig jedoch begann sich mein Körper über meinen Lebensstil zu beklagen. Ich erinnerte mich, wie ich bei einem meiner ersten Jobs mit dreiundzwanzig gedacht hatte, "diese Art von körperlicher Arbeit kann ich bis fünfunddreißig machen, dann bin ich zu alt". Mein Körper hatte sich das wohl notiert, denn genau mit fünfunddreißig bekam ich plötzlich Rückenschmerzen, Hüftschmerzen, Knieschmerzen, Wirbelsäulenschwierigkeiten, gelegentliche Migräneanfälle und dergleichen. Manchmal war ich so steif und lahm, daß ich mich am Geländer festklammern mußte, um ohne größere Schmerzen die Treppe hinunterzukommen.

Ein paar gute Dinge gab es während dieser Zeit in meinem Leben, die auf das Heute hinweisen und die vielleicht erwähnt werden sollten. Das eine war mein geliebtes Pferd *Desert*, mit dem ich unendlich viel Freude hatte. Es machte mir Spaß, es zu versorgen, und wir hatten auch bei Turnieren einen gewissen Erfolg miteinander. Natürlich gelang mir all dies nicht ohne beträchtliche Hilfe von anderen, zum Beispiel Frankreichs berühmter "Nationalen Reitschule", wo ich im "Cadre Noir", wie er meist genannt wird, vieles über Dressur lernte, was ich vorher nicht gewußt hatte.

Als ich 1974 zum ersten Mal dorthin fuhr, veränderte sich meine Einstellung zu Fremdsprachen gewaltig. Alle früheren Versuche, mich zu "zwingen", Französisch zu lernen, fielen in eine Zeit, wo ich gar nicht verreisen wollte und deshalb völlig unmotiviert war, weil ich es für reine Zeit- und Kräfteverschwendung hielt. Ich hatte die Leute in meiner kleinen Welt so restlos von meiner Unfähigkeit überzeugt, eine Fremdsprache zu lernen, daß sie mich schließlich damit in Ruhe ließen. Seit meiner Schulzeit waren zehn Jahre vergangen, und nun wollte ich unbedingt wissen, was diese französischen Reitlehrer mir zu sagen hatten. Es schien ein gewaltiges Vorhaben, eine ganz neue Sprache in Angriff zu nehmen, aber ich fand, ein bißchen wäre ja schon ein großer Durchbruch, und versuchte es. Ich besuchte eine Abendschule und lernte aus Do-it-yourself – Französischbüchern, wenn ich sonst keine Hilfe bekommen konnte. Ich lernte nie wirklich gut Französisch, aber während dieser Zeit und dann noch einmal in späteren Jahren lernte ich genug, um auf meinen Reisen aufs Festland völlig andere Erfahrungen machen zu können. Diese Erfahrung, daß es sich sehr wohl lohnte, sich die Sprachen anderer Leute zu erkämpfen, gab mir den Mut, später auch andere Sprachen in Angriff zu nehmen. So konnte ich ziemlich frei herumreisen und wichtige spirituelle Erfahrungen sammeln, was mir nur mit Englisch schwerlich in gleichem Maße möglich gewesen wäre.

Da ich fern von meiner Familie lebte, wurde ich ziemlich unabhängig und schmiedete allmählich eigene Pläne. Zu Hause wäre das sicherlich nie geschehen. Meine Mutter traute mir kaum die einfachsten Sachen zu, weil ich doch so ein hoffnungsloser Fall schien. Ich sah meistens nicht ein, wieso ich mich um irgend etwas bemühen sollte, wenn jemand da war, der mir die Sachen abnahm. Meine Eltern waren in vieler Hinsicht sehr fürsorglich, aber das, wonach ich mich wirklich sehnte, war körperliche Nähe, Offenheit und das Gefühl, verstanden zu werden. Ich konnte nicht offen sein, und die ersehnte körperliche Nähe bekam ich selten und immer nur kurz. Es fiel mir also leicht, mich von zu Hause so weit wie möglich fernzuhalten. Wenn ich Erfolg hatte, wurde ich oft wütend, denn das bewies ja, daß ich durchaus etwas gut machen konnte, und ich hatte das Gefühl, daß meine Begabungen zu Hause nie anerkannt worden waren, insbesondere nicht von meiner Mutter. Wenn ich keinen Erfolg hatte, hielt ich das möglichst geheim, denn meine Eltern sollten nichts davon erfahren. Sie waren immer sehr bekümmert, wenn ich irgendwelche Probleme hatte, und das konnte ich nicht ertragen. Tief in meinem Inneren liebte ich sie mehr, als mir bewußt war, aber ich hielt immer mehr von meinem Leben vor ihnen verborgen.

Etwas, was mir immer geholfen hat, in schwierigen Zeiten den Kopf über Wasser zu behalten, war meine Religion. Ich war als Mitglied der Kirche von England aufgewachsen, und meine Schule war eine Klosterschule gewesen, wo auf Religion natürlich viel Wert gelegt wurde. Ich wurde recht fromm und hatte nun Gott und die Pferde, an die ich mich in Notzeiten halten konnte. Gewöhnlich gab es an den verschiedenen Orten, wo ich arbeitete, nicht nur eine Kirche, sondern auch einen Kirchenchor, in dem ich mitsingen konnte, und vielleicht auch ein paar Freunde.

In dieser Phase selbstauferlegten Exils von zu Hause geriet ich jedoch immer öfter in Situationen, mit denen ich nur sehr schwer fertig wurde. Manchmal fühlte ich mich sehr allein, und eines Tages, nachdem mich jemand wirklich schwer enttäuscht hatte, griff ich, obwohl ich vorher nie Alkohol angerührt hatte, zur Flasche. Ich kannte mich zu gut aus, um zu meinen, daß das jemals eine Lösung für meine Probleme sein konnte, aber ich hoffte, meine emotionalen Schmerzen wenigstens so lange lindern zu können, bis ich eine bessere Lösung fand.

Ich fuhr also mit dem Auto zum nächsten Pub und kaufte mir eine Flasche Whisky. Whisky deshalb, weil ich das für das Stärkste und Wirksamste hielt. Das war das erste Mal, und es schmeckte schrecklich, aber ich schaffte fast die ganze (nicht sehr große) Flasche. Über Nacht wurde ich zur heimlichen Trinkerin. Im Nachhinein wundere ich mich darüber, wieviel Whisky ich trinken konnte und für wie lange Zeit, und trotzdem meistens meine Arbeit schaffte und niemanden etwas merken ließ. Wahrscheinlich lag es daran, daß ich meistens abends trank und sicherlich für die letzte Person gehalten wurde, die so etwas tun würde. Eines Abends schließlich verschätzte ich meine Fähigkeit, zu trinken und dabei noch auf mich achten zu können. Ich mußte jemanden um Hilfe bitten und erklären, weshalb ich sie brauchte. Die Frau, die mir zu Hilfe kam, glaubte mir zuerst nicht, als sie in Riechweite gekommen war, aber als ich weinend zusammenbrach, wurde nur allzu offensichtlich, was mit mir los war. Ich befürchtete, daß sie wütend auf mich werden würde (ich war damals bei ihrer Tochter angestellt), aber ich erfuhr statt dessen ihre Liebe, echte Liebe. Sie sah, daß ich trank, weil ich mit meinem Latein am Ende war und nicht wußte, wie ich mit allem fertig werden sollte. Sie versorgte mich und lud mich ein, am nächsten Abend, wenn ich nüchtern war, herüberzukommen und mich einmal auszusprechen. Ich riskierte es und erzählte ihr alles, was ich noch nie getan hatte. Auch wenn sie keine Lösung für mich wußte, hatte doch ihre liebevolle Anteilnahme eine mächtige Wirkung auf mich. Ich war so gerührt, daß ich diese Frau, selbst wenn ich meine Sucht nicht aufgab, nie wieder in die Verlegenheit bringen wollte, mir aus der Patsche helfen zu müssen. Mehr oder weniger schaffte ich es auch, bis auf einen Abend, wo ich mich so frustriert fühlte, daß ich mit dem Kopf an die Badezimmerwand schlug, so fest ich konnte. Es klingt vielleicht unwahrscheinlich, aber ich kam nicht einmal auf die Idee, daß jemand mich hören und sich fragen könnte, was los sei. Es war einfach ein weiterer Versuch, mit etwas fertig zu werden, was einfach zuviel für mich war. Meine frühere Retterin klopfte auch diesmal laut gegen die Badezimmertür, so daß ich sie hereinließ. "Was ist los, um Himmels willen", fragte sie, “hat meine Tochter Sie verletzt?” Ich konnte nichts sagen. Ich wußte es selbst nicht. Ich hatte nicht die geringste Ahnung, was mit mir verkehrt sein könnte. Ich notierte nur innerlich, daß es nicht gut war, mit dem Kopf an die Wand zu schlagen, weil jemand mich hören und mir Fragen stellen konnte, auf die ich keine Antwort wußte. Erst Jahre später lernte ich in einer Psychologievorlesung am örtlichen College, daß vernachlässigte Kinder manchmal mit dem Kopf an die Krankenhauswände schlagen, um auf diese Weise wenigstens irgendeine Art von Stimulans zu bekommen. Wo Liebe fehlt, ist Schmerz besser als gar nichts, das lernte ich dort.

Ich wollte mir nicht noch einmal von jemandem ins Bett helfen lassen , nachdem ich zuviel getrunken hatte, und war deshalb immer schon oben und im Bett , bevor ich zu hilflos wurde, um selbst ins Bett zu gehen. Den Geschmack von Whisky konnte ich immer noch nicht leiden, ich fand überhaupt keine Art von Alkohol, die mir schmeckte. Sehr viel später schaffte ich es zwar mit hartnäckigen Bemühungen, wenigstens ein paar Sorten von Alkohol ein wenig zu mögen, aber inzwischen zwang ich mich einfach, das ekelhafte Zeug zu schlucken, um mich zu betäuben. Wenn Whisky mir zu teuer war, kaufte ich etwas Billigeres. Manchmal trank ich mit anderen zusammen, aber meistens heimlich. Ich merkte, daß ich diese Gewohnheit jederzeit aufgeben konnte. Ein Teil von mir wollte zwar Alkoholiker werden, aber ich schaffte es nie, wirklich dieses Stadium zu erreichen, wo man nicht mehr aufhören kann zu trinken. Ich trank zwanghaft, und ein Glas war nie genug. Ich trank inzwischen zu jeder Tageszeit, und in meinen schlimmsten Phasen begann ich den Tag schon mit Alkohol. Meine Leber muß phantastische Arbeit geleistet haben, denn ich hatte kaum jemals einen Kater, auch wenn meine Gedankenkraft sehr verringert war. Ich lebte oft von einer Kombination aus Alkohol, großen Mengen Kaffee, Fleisch und manchmal noch Schlankheitspillen. Diese Diät machte mich sehr nervös und launenhaft, und ich bekam eine so schreckliche Haut, daß ich mich niemandem zeigen wollte und so gut wie möglich allen aus dem Wege ging.

Die Kirche desillusionierte mich in dieser Zeit sehr. Es gab einen neuen Pfarrer, der immer sagte, er würde in den nächsten Tagen einmal vorbeischauen. Einerseits mochte ich ihn nicht, und obwohl ich höflich sagte: "Ach ja, wie nett!" hoffte ich im Stillen, er würde es vergessen. Als mir nach ein paar Monaten klar wurde, daß er es immer vergaß, ärgerte ich mich über seine Unehrlichkeit. Ich hatte auch das Gefühl, daß die anderen Kirchgänger nicht verstanden, daß ich nicht immer frei hatte, um in die Kirche zu gehen, und daß sie mich dafür unausgesprochen kritisierten. Mich ärgerte das, so daß ich, auch wenn ich nichts gegen Gott hatte, seiner Kirche schließlich fernblieb.

Nun gab es keine Kirche mehr in meinem Leben, und das hinterließ eine Lücke. Von meinen Eltern hielt ich mich meist fern, und enge Freunde hatte ich nicht. Ich hatte immer Angst, wenn ich zuviel Zeit mit einem anderen Menschen verbrachte, würde er merken, wie ich wirklich war, und mich wieder ablehnen. Ich dachte an Selbstmord. Manchmal trank ich sehr viel und fuhr anschließend meilenweit mit meinem Auto herum, immer halb in der Hoffnung, mein Leben durch einen tödlichen Unfall zu beenden. Das Schwierige daran war, es so hinzukriegen, daß ich wirklich starb und nicht zum lebenslänglichen Invaliden wurde oder jemand anderen verletzte, der eigentlich lieber bei guter Gesundheit geblieben wäre. Ich zog Alkohol in Betracht, aber das erschien mir zu würdelos. Ich sah keinen Sinn mehr darin weiterzuleben. Für meine Eltern würde es kaum einen Unterschied machen, dachte ich mir, weil ich ja sowieso selten zu Hause war. Ich hatte keine engen Freunde, die mich vermissen würden, eigentlich nichts auf der Erde, für das ich bleiben wollte, außer – mein Pferd *Desert.* Wie konnte ich sicher sein, daß irgendein anderer Mensch ihn genügend lieben würde, wenn ich nicht mehr da war? Meine Liebe zu diesem Tier war es vor allem, die mich auf der Erde hielt. Man könnte fast sagen, ich verdanke ihm mein Leben. Auf jeden Fall machte er es mir leichter zu bleiben oder schwerer zu gehen, wenn man es so herum sehen will.

Eines Abends goß ich mir ein Glas ein und fragte mich, wie hoffnungslos betrunken ich an diesem Abend wohl werden und wieviel Schaden ich mir zufügen konnte. Ich fragte mich, wie viele Gehirnzellen inzwischen wohl schon abgestorben waren, als ich ganz deutlich eine Stimme zu mir sagen hörte: "Du solltest lieber besser mit deinem Gehirn umgehen. Vielleicht brauchst du es noch einmal." Verblüfft stellte ich die Flasche hin. In einem leeren Zimmer Stimmen zu hören, war ich nicht gewohnt. Es war allerdings eine freundliche Stimme, und ich konnte nicht vergessen, was sie gesagt hatte. Irgendwann später hat mich einmal jemand gefragt, wann ich das Gefühl bekommen hätte, eine Aufgabe auf der Erde zu haben. Damals wußte ich es nicht, aber ich glaube, in diesem Augenblick tauchte die erste Ahnung davon auf.

Von diesem Punkt an, wo ich ganz tief gesunken war, im Frühling 1979, begann ein stetiger Aufstieg in meinem Leben. Auf einmal geschahen interessante Sachen. Ich hatte Visionen und Klarträume. Manchmal war es wie ein Strom von Ereignissen und Zwischenfällen, die mir allmählich die Augen für die Wahrheit über mich und mein Leben auf der Erde und anderswo öffneten, die ich einfach nie zuvor in Betracht gezogen hatte.

Meine Großmutter (die Mutter meines Vaters) und Winston Churchill schienen zusammen daran zu arbeiten, mich aus meinem lethargischen Zustand herauszuheben und auf meinen geistigen Weg zu bringen. Es half mir sehr, daß ich nicht mehr in der Kirche war, denn so war ich viel offener und freier für neue Gedanken.

Ich will ein wenig über diese beiden Helfer sagen, die mich aus einer Dimension von jenseits des Todes ansprachen, aus ihrer Realität: Daß meine Großmutter sich für mich einsetzte, ist vielleicht nicht verwunderlich. Sie hatte vor ihrem Tode für mich getan, was sie konnte, und in ihrer Liebe kam sie auch jetzt zu mir. Zuerst besuchte sie mich im Traum. Der Prozeß meines spirituellen Erwachens hatte schon begonnen, und ich las in einem Buch über die Kommunikation mit Geistern, in dem ich eine Reihe alter englischer Wörter nicht verstand. Einige davon schaute ich nach, aber als ich über das Wort "barter" (dtsch. Tauschhandel, Anm. d. Üb.) stolperte, war die Geschichte gerade so aufregend, daß ich nicht aufstehen und im Wörterbuch nachsehen wollte. In dieser Nacht kam meine Großmutter mit einem großen Wörterbuch im Traum zu mir. Sie schlug es für mich auf und zeigte auf die Definitionen von "barter". Es war ein rotes Wörterbuch, und das Wort "barter" stand auf der rechten Seite. Es gab zwei Definitionen, die ich beide lesen konnte. Meine Großmutter trug einen rosa Tweedrock, wie sie ihn im Leben oft getragen hatte.

Am nächsten Morgen konnte ich mich genau an den Traum erinnern, dachte mir aber nichts weiter dabei. Am Abend war ich jedoch wirklich neugierig,herauszufinden, was dieses Wort nun tatsächlich bedeutete. Ich schlug mein blaues Lexikon auf und fand das Wort auf der linken Seite. Die Bedeutungen waren dieselben wie in meinem Traum, nur in umgekehrter Reihenfolge. "Wie kann eine Tote in meinen Traum kommen und mir richtige Informationen geben?" wollte ich wissen. "Gibt es vielleicht irgendeine Art von Leben nach dem Tod, wie wir ihn kennen?" Die Kirche sprach natürlich von einem Leben nach dem Tode, aber das war niemals mehr als irgendeine vage Theorie in meinem Kopf gewesen, mehr eine Art unwahrscheinlicher Mythos, von dem man nicht wußte, ob es nun die Wahrheit war oder nicht. Nach diesem Kontakt mit meiner Großmutter akzeptierte ich, daß sie noch irgendwo lebte, und sie konnte mich nun auch im Wachzustand erreichen, was den Vorteil hatte, daß ich mich nicht an Träume zu erinnern brauchte.

Einmal ging ich mit ein paar Freunden in eine Wirtschaft und schüttete gerade mein drittes Glas Wein hinunter, als sie mir riet, die Wirtschaft zu verlassen und nach Hause zu gehen. Das mußte den Mann kränken, mit dem ich gekommen war und der mich in zwanzig Minuten auch nach Hause fahren wollte. Er war ziemlich betrunken und ärgerlich, aber ich blieb nicht. Statt dessen ging ich mit einem Mann nach Hause, den ich nie zuvor gesehen hatte, und dachte bei mir, wie entsetzt meine Mutter wäre, wenn sie mich sehen könnte. Am nächsten Morgen bemerkte ich eine Verletzung auf der Wange des Mannes, der mich am Vorabend hatte fahren wollen. Er und die anderen, die noch geblieben waren, waren beim Verlassen der Wirtschaft überfallen und ausgeraubt worden. Vier von ihnen waren auf dem Weg zum Auto niedergeschlagen worden. Meine Großmutter hatte gute Arbeit geleistet. Nicht nur hatte sie mich sicher heimgeschickt, sondern sie hatte mich auch für den Fall, daß ich nicht auf sie gehört hätte, ohne meinen Paß losgeschickt, den ich in meinem Zimmer versteckt hatte. (Ich war gerade in Deutschland.) Am Abend zuvor und auch am nächsten Abend hatte ich meinen Paß dabei, nur an diesem Abend hatte ich ihn und das meiste Geld zu Hause gelassen.

Seit dieser Zeit bin ich mir, obwohl sie ihr eigenes Leben an einem Ort führt, der ganz getrennt von mir ist, immer wieder in Momenten, wo ich sie brauchte, ihrer Gegenwart bewußt gewesen.

Winston Churchill begegnete ich auch zuerst in einem Traum. Ich war mitten in London, und wir gingen, in ein Gespräch vertieft, eine ganze Straße hinunter. Wir sprachen über die Jugend von heute, besonders die Jugendlichen, die kein Ziel im Leben haben und randalieren und gegen die Gesetze verstoßen. Obwohl ich mich im Nachhinein an kein einziges Wort unseres Gesprächs erinnern konnte, blieb sein Inhalt haften und auch mein Erstaunen darüber, daß er und ich uns so gut verstanden und wir so ähnliche Ansichten hatten. Hätte ich einer so bekannten Persönlichkeit leibhaftig gegenübergestanden, so wäre ich zweifellos zu nervös und schüchtern gewesen, um irgend etwas zu sagen. Als ich meiner Mutter diese erstaunliche Geschichte erzählte, konnte sie mir genau sagen, in welchem Teil von London wir uns befunden hatten. Ich kannte diese Gegend nicht, aber meine Mutter hatte ein paar Jahre zuvor in London gelebt und wußte, wo das war. Das war jedoch das Einzige an der Geschichte, was sie leicht annehmen konnte. "Wieso sollte Winston Churchill mit einem einfachen Landmädchen wie dir sprechen wollen?" rief sie aus. Ich versuchte, ihr zu erklären, daß "Geister" manchmal Menschen helfen, die noch hier in physischen Körpern auf der Erde leben. "Selbst wenn das so ist, verschwendet er mit dir ja wohl seine Zeit. Da sollte er lieber mit irgendeinem überzeugten Kommunisten sprechen, oder?" sagte sie. Ich wandte ein, daß so jemand vielleicht nicht zuhören würde oder überhaupt keine Notiz davon nähme. Meine Mutter sah besorgt aus, sah jedoch Gottseidank davon ab, das nächste Irrenhaus anzurufen. Ihr Gesichtsausdruck war mir jedoch nicht entgangen, und ich beschloß, in Zukunft lieber kein Risiko mehr einzugehen.

So, wie ich die Dinge jetzt sehe, finde ich es kaum verwunderlich, daß ein Mensch, der in der Geschichte des Planeten eine so entscheidende Rolle gespielt hat, noch immer daran interessiert ist zu helfen. Ich habe seither erfahren, daß Winston Churchill in seiner letzten Inkarnation ein spiritueller Mensch war, und so ist es nur natürlich, daß er nicht nur zu mir, sondern auch zu vielen anderen Menschen kommt.

Er hat seit diesem Traum einige Male direkt und auch durch andere Medien mit mir gesprochen. Zwei waren sehr erstaunt darüber, da sie nicht wußten, was vorher in meinem Leben vor sich gegangen war. Das dritte Medium hatte ihn schon einmal empfangen, für eine ganze Gruppe von Leuten. Ich traute mich nicht recht, seinen Namen zu nennen, um nicht Sachen wie "Hör sich einer diesen Snob an!" oder "Die hält sich aber für wichtig!" zu hören zu bekommen, aber wenn man bedenkt, wie viele von uns in vergangenen Leben die verschiedensten Rollen vom König und der Königin bis zum Straßenkehrer oder der Prostituierten gespielt haben, dann kann man nicht umhin, dieses ganze Konzept von Klassen und gesellschaftlicher Stellung ziemlich anders zu sehen. Wenn ich durch das Tor des Todes gehe, ist das Leben, das ich gerade gelebt habe, vorbei. Ich weiß, daß ich, was immer oder wer immer ich gewesen bin, nicht mehr bin. Es war nur eine Rolle.

Zu der Zeit, als all diese Dinge anfingen, wußte ich davon nichts. Ich wußte nichts von Wiedergeburt. Ich war daher voller Ehrfurcht vor dieser freundlichen Gegenwart, die mir sogar sagte: "Du kannst mich Winny nennen, wenn du willst." Ich fand das einen sehr unwahrscheinlichen Namen für ihn, bis mir ein Buch in die Hände fiel, wo auf der Seite, die ich zufällig aufschlug, ein Brief Winston Churchills an seine Mutter abgedruckt war. Er war unterschrieben mit "Dein Dich liebender Sohn Winny". Ich empfange selten Botschaften für andere Menschen, aber manchmal bin ich mir bei solchen Gelegenheiten seiner Anwesenheit bewußt gewesen.Er sagte mir, es sei harte Arbeit, mich dazu zu bringen, die Botschaften, die ich telepathisch empfing, an andere weiterzugeben. Seine Aufgabe sei es, mir die richtigen Worte für diese Ideen und Gefühle finden zu helfen, die ich telepathisch empfing. Es waren nicht seine Botschaften, sondern er fungierte als eine Art Vermittler. Einmal sah die dritte Person wie eine Art Engel aus, wohingegen er gesund und übergewichtig aussah! "Da ist ein dicker Mann, der mir erklärt, wie ich das alles in Worte fassen soll", erklärte ich meiner Freundin. Ich spürte sein zustimmendes Schmunzeln.

Vielleicht fragen Sie sich, wieso ich so viel Hilfe brauchte, um diese übersinnlichen Phänomene und das Leben nach dem Tod zu verstehen, wo ich doch schon als Kind übersinnliche Fähigkeiten hatte. "Erziehung" ist der Grund dafür. Ich hatte gelernt, daß die Dinge, die ich sah und fühlte, nicht richtig waren, sondern nur Teil meiner kindlichen Phantasie. Ich weiß noch, wie bitter enttäuscht ich war, als meine Mutter mir sagte, selbst Feen gebe es nicht in Wirklichkeit. Das seien nur Geschichten für die Kinder, sagte sie, Erwachsene wüßten, daß es so etwas in Wirklichkeit nicht gibt. Diese Mitteilung traf mich wie ein Hammerschlag. "Sind Engel dann auch nicht wirklich?" fragte ich erregt. "Doch, schon, aber sie sind unsichtbar", war die Antwort. Ich fand diesen Unterschied schwer zu verstehen. Feen waren auch unsichtbar, warum sollte es sie also nicht auch wirklich geben? Und überhaupt, wenn Feen unsichtbar und nicht wirklich waren, wie konnte man dann wissen, daß die unsichtbaren Engel nicht auch unwirklich waren? Es war alles sehr verwirrend.

Hexen hatten mich immer sehr fasziniert, und mit zehn oder elf Jahren machte es mir großen Spaß, in der Zeichenstunde Hexen zu malen, die auf ihren Besen durch die Luft ritten. Damals mußten wir noch keine Stilleben mit frischen Früchten und dergleichen malen. Die Zeichenlehrerin lobte mich sogar dafür und meinte, ich hätte eine gute Phantasie!

So hatte ich offenbar bis zu dieser Zeit mein Leben damit verbracht, mein inneres Wissen nicht zu ent-decken, sondern es zu verlernen, es gründlich zuzudecken, und nun, Anfang Dreißig, begann ein langsamer, aber gründlicher Wiederlern-Prozeß. Ich fing an, Ereignisse vorauszusehen. Es waren spontane Visionen, die ich nie beabsichtigte. Eine der stärksten dieser Visionen hatte ich einmal, als ich allein zu Hause einen Handschuh reparierte. Ich sah in vollen Farben eine Szene mit einem Pferd vor mir. Fasziniert beobachtete ich, wie jemand das Tier die Rampe hinauf in meinen Pferdeanhänger führte. Es scheute auf halbem Wege, ging dann aber mit ein wenig Überredung hinein. Ich sah die herbstlichen Farben der Bäume und Büsche und das schöne Wetter. Ich erkannte das Pferd und merkte, daß ich es mochte, und auch, daß ich ein neues Pferd brauchte. Es sah ganz so aus, als ob ich dieses Pferd kaufen würde. Etwa sechs Wochen später traf ich die Besitzerin und fragte sie versuchsweise, ob sie von irgendeinem passenden Pferd für mich wüßte, das zu verkaufen sei, aber natürlich sprach ich nicht von meiner Vision. Sie wußte keines. "Ach je", dachte ich, "meine Vision war Schall und Rauch. Ich denke wohl besser nicht mehr daran und lebe in der realen Welt", und ging los, um mich nach einem anderen Pferd umzusehen. Was für eine Geschichte von Weh und Ach und Frust wurde das! Alles ging schief. Ich geriet an eine offenbar völlig skrupellose Frau, die mir für teures Geld ein Pferd verkaufte, das, wie sich herausstellte, lahm war. Ich verlor, kurz gesagt, eine Menge Geld, erst durch Tierarztrechnungen, dann durch Prozeßkosten, wo mein Rechtsanwalt mir sagte, ich hätte wenig Aussicht zu gewinnen, obwohl ich unschuldig war. Meine Verkäuferin wurde auf meine Kosten ziemlich reich. Glücklicherweise konnte ich sie wenigstens dazu überreden, das Pferd zu behalten, aber es war nicht leicht. Als diese schreckliche Geschichte vorbei war, hörte ich von der Dame, der das Pferd aus meiner Vision gehörte, daß sie mir ihr Pferd verkaufen wolle. Ich kaufte es, und als ich dieses schöne Tier abholte, war es Herbst. Ich schaute zu, wie es in den Wagen geführt wurde, und meine Vision lief noch einmal originalgetreu vor meinen Augen ab. Es scheute sogar auf dem Weg in den Wagen, genauso, wie ich es sechs Monate zuvor gesehen hatte.

Daraus lernte ich viel. Wenn ich meiner Vision vertraut hätte, wäre mir die ganze schreckliche Geschichte erspart geblieben und ich hätte nicht all das Geld verloren, nur um mich aus einer Gerichtssache herauszuhalten. Zweitens lernte ich, daß man Zeit überwinden kann. Es ließ sich nicht leugnen, daß ich hellsichtig war, auch wenn ich keine Kontrolle darüber hatte. Ich bekam entweder eine Vision oder nicht.

Als Ergebnis dieses und anderer Erlebnisse freundete ich mich mit zwei verschiedenen spiritualistischen Kirchen an und trat ihnen schließlich bei. Ich wollte gern mehr über diese Dinge erfahren. Hier gab es Menschen, die dies alles ernstnahmen. Sie interessierten sich nicht nur für Hellsichtigkeit und Kontakt mit Verstorbenen, sondern auch für geistiges Heilen: das, was früher als Handauflegen bezeichnet wurde, so wie Jesus es lehrte. Ich lernte ein paar sehr liebevolle und hilfsbereite Menschen kennen und erfuhr ihr Heilen am eigenen Leibe.

Im September 1981 verlor ich meine Stelle, weil sie nicht mehr besetzt werden sollte. Arbeitslos zu sein bedeutete, daß ich keinen Platz zum Wohnen hatte, denn die Unterbringung gehörte mit zu meinem

Job. Ich mußte also umziehen. Ich war ziemlich erschüttert von alledem. Erstens liebte ich den Mann, für den ich arbeitete, obwohl ich ihm das nie gezeigt hatte. Die Beziehung bestand nur von meiner Seite aus und war deshalb sehr distanziert. Während meiner Zeit bei ihm hatte er geheiratet, und ich hatte mich sehr bemüht, nichts zu tun, was seine neue Frau ärgern konnte. Es war eine schmerzliche Beziehung, aber daß ich nun gezwungenermaßen von ihm weggehen mußte, brach mir das Herz. Ich trauerte auch meiner Arbeit nach, obwohl ich tief innerlich wußte, daß schon lange eine Veränderung anstand, wenn ich als Mensch weiterwachsen wollte. Nun hatte ich plötzlich so viel freie Zeit zur Verfügung und konnte mich intensiv mit all den übersinnlichen Phänomenen beschäftigen. 1982 kaufte ich zum erstenmal in meinem Leben mein Essen selber ein und fing ganz intuitiv an, vegetarisch zu leben. Dank meiner irgendwie religiösen Einstellung fand ich auch die Kraft, den Alkohol beinahe gänzlich aus meinem Leben zu verbannen. Ich merkte, daß unter anderem das Koffein an meinen Hautunreinheiten schuld war. Wenn ich etwas Koffeinhaltiges getrunken hatte (und ich trank meistens drei bis vier Tassen oder Gläser hintereinander) wurde meine Haut heiß, juckte und fühlte sich unangenehm an, also hörte ich damit auf. Das Ergebnis all dieser Veränderungen war, daß eine sehr alte Frau (ich war nicht alt, aber besonders an lahmen Tagen fühlte ich mich uralt) wieder jünger wurde. Auf einmal konnte ich wieder ohne Schmerzen lange Spaziergänge machen und wurde sogar ohne Schlankheitsmittel um einige Kilo leichter. Von Freunden dazu ermutigt, begann ich eine Ausbildung als Heilerin. Als ich hörte, daß die besten Heiler alle vegetarisch leben und keinen Alkohol trinken, weil er ihre Heilenergie verringert, beschloß ich, *ganz* so zu leben, anstatt nur zu 90 % wie bisher, und meine Gesundheit wurde dadurch noch besser. Selbstmord kam eindeutig nicht mehr in Frage. Ich wußte jetzt ganz sicher, daß dadurch nicht alles zu Ende war, denn das Leben nach dem Tode war zu einer Tatsache für mich geworden. Außerdem hatte mir jemand gesagt, Selbstmörder müßten wieder auf die Erde kommen. Ich wußte damals noch nicht, daß die meisten von uns viele Leben auf dem Planeten Erde verbringen, deshalb erschien mir das wie eine ernste Drohung. Der Gedanke, noch einmal ein ganzes Leben statt nur den Rest dieses Lebens hier verbringen zu müssen, erschreckte mich sehr. Womöglich würde ich ja beim nächsten Mal in eine noch schlimmere Situation hineingeboren werden und hätte dreimal so viel Leid zu ertragen! Das Risiko lohnte sich wirklich nicht.

Nach langem Zögern entschloß ich mich, keine neue Stelle anzunehmen, sondern mich selbständig zu machen. Ich mußte also ein eigenes Haus finden, denn ich brauchte ein eigenes Telefon. Ich hatte auch mehr als genug davon, an Orten zu leben, wo die anderen mich nicht mochten oder nicht haben wollten. Ich war entschlossen, mir eine bessere Realität zu schaffen, und das tat ich.

Am 2. Februar 1983 zog ich in mein eigenes Haus. Ich fand es wunderbar, einen Platz zu haben, den ich mein eigen nennen konnte. Natürlich brachte es seine Probleme mit sich, aber im Großen und Ganzen hielt ich es wirklich für eine gute Sache und lebe immer noch hier.

Von der Sicherheit meines eigenen Heimes aus begann ich meine freiberufliche Arbeit mit Pferden. Manchmal dachte ich daran, alles aufzugeben und lieber etwas anderes zu tun, aber das hatte mindestens zwei Haken. Das eine war, daß ich keine interessante Alternative finden konnte, zu der ich fähig war, und das zweite war, daß ich immer noch ein Pferd hatte (später im Buch nenne ich es *Wilderness)*, und den Gedanken, es aufzugeben, konnte ich nicht ertragen. Wieder einmal war es ein Pferd, das über meine Laufbahn entschied, und das Schlüsselwort dabei war Liebe. So bin ich bei den Pferden geblieben.

Ein weiterer kleiner Zwischenfall während dieser Zeit betraf wieder meine Lebensaufgabe. Bei einem Treffen der spiritualistischen Kirche, zu denen ich manchmal ging, sagte mir eines der Medien dort, ihr "werde gesagt", ich sei auf die Erde gekommen, um eine bestimmte Mission zu erfüllen. Es fiel mir schwer, das zu glauben, aber der Gedanke gefiel mir auch. Ich stellte mir darunter irgendeine kleine Aufgabe vor, vielleicht irgendwann einmal einen Nachmittag lang, aber ich hatte keine Ahnung, was es sein konnte. Ein andermal channelte mir eine Freundin, die auch ein Medium ist und bei der ich zum Teebesuch war, "für eine so fortgeschrittene Seele wie dich gibt es wichtigere Arbeit als die mit Pferden". Darauf folgten Lobreden auf die guten und edlen Eigenschaften des Pferdes, so daß ich wußte, daß die Tiere damit nicht heruntergesetzt werden sollten. Bei noch einer anderen Gelegenheit sagte mir ein Mann, er hätte die Gabe, wenn er einen Menschen ansähe, dessen wahren Beruf in schwarzen Buchstaben auf seiner Stirn geschrieben zu sehen. Er sah mich an und sah das Wort "Lehrer" nicht in schwarzen, sondern in goldenen Buchstaben auf meiner Stirn geschrieben. "Das muß bedeuten, daß Sie eine spirituelle Lehrerin sind", sagte er. Ich glaube, ich sagte ihm, daß ich dazu nicht das Wissen hätte, aber seine Worte blieben mir im Gedächtnis, und so wuchs allmählich mein Gefühl, eine Mission zu haben. All diese kleinen Zeichen machten mich neugierig, und ich wollte wissen, wer ich wirklich war, und hoffte, auf meinem weiteren geistigen Weg vielleicht zu entdecken, weshalb ich mich hier in diesem Körper befand.

Ich hatte eine Schweizer Freundin, die in Deutschland wohnte und die ich gern zweimal im Jahr besuchte. Sie half mir mit dem Reiten,und wir hatten gemeinsame esoterische Interessen. Manchmal empfing ich Durchgaben für sie. Sie ermutigte mich, damit weiterzumachen, und half mir zu sehen, welche Talente sich in mir entwickelten. Ihr Mann, der vor kurzem verstorben war, sollte uns dabei ebenfalls helfen. Einmal erschien er mir sehr deutlich, und ich konnte genau angeben, welche Kleidung er von der Hüfte aufwärts trug. Das Bild blieb so stark in mir haften, daß ich, als ich ein halbes Jahr später einen Videofilm von ihm sah, nicht nur ihn, sondern auch jedes seiner Kleidungsstücke genau erkennen konnte. Ich hatte solche Kleider noch nie gesehen, noch nicht einmal auf einem Bild. Eines Tages im Frühling rief ich meine Freundin an, um zu fragen, ob ich ihr meinen üblichen Besuch abstatten könne, und sie sagte mir bedauernd, sie werde einige Zeit in den Staaten verbringen und könne mich deshalb nicht empfangen. Sie empfahl mir, statt dessen nach Österreich zu fahren, wo ihre Freundin Linda Tellington-Jones ein klinisches Wochentraining mit Pferden durchführte. Sie meinte, das würde mir sicherlich viel geben, und schickte mir die Unterlagen darüber zu. Ich meldete mich also zu Lindas klinischer Woche in Saalfelden in Österreich an. Damals war ich ziemlich halbherzig. Ich nahm an, wir würden ziemlich viel reiten, was nur bedeuten konnte, daß ich mir die Einzelheiten nicht genau angesehen hatte.

Lindas Arbeit ist ungewöhnlich und sehr fein.Sie unterrichtet nicht nur Techniken, um die Tiere dazu zu bringen, etwas Bestimmtes zu tun oder zu sein, sondern auch eine Art der Kommunikation mit ihnen, die für beide, Mensch und Tier, von enormem Nutzen ist und gleichzeitig heilend wirkt. Ich war wirklich nicht bereit, mich voll auf diese Dinge einzulassen, aber nach den faszinierenden Gesprächen, die abends im kleinen Kreise stattfanden, wurde ich ganz süchtig. Ich hatte meine erste Begegnung mit Tarotkarten und entdeckte, daß Linda an Reinkarnation glaubte und offenbar selber ein paar Rückführungen gemacht hatte. Ich interessierte mich seit kurzem sehr für diese Dinge, hatte jedoch so viele schreckliche Geschichten über die Gefährlichkeit dieser Art von Hypnose gehört, daß ich mich nicht traute, es selbst auszuprobieren. Ich sah mir Linda gründlich an und dachte: "Diese Frau hat vielleicht eine ganze Reihe von Rückführungen hinter sich, aber mit ihr ist ganz sicher nichts verkehrt. Wenn ich also zu derselben Therapeutin ginge wie sie, wäre ich vielleicht hinterher auch noch in Ordnung." Ich bat sie um Rat, und Linda schrieb mir den Namen "Rhea Powers" auf ein Stück Papier und zwei Telefonnummern, wo ich sie erreichen könne. Nach meiner Heimkehr schaffte ich es, dieses Stück Papier sofort zu verlieren, so daß ich mein Vorhaben aufgeben mußte. Das war Ende März.

Das Leben zu Hause mit den Pferden ging weiter wie immer. Ich war nicht sonderlich glücklich. Oft war ich depressiv, aber schließlich war ich das die meiste Zeit meines Lebens gewesen und betrachtete es als den Normalzustand. Manchmal überlegte ich, ob es tatsächlich möglich war, "un-depressiv" zu werden, aber ich hatte keine Ahnung, wie ich etwas ändern sollte, und machte daher einfach so weiter wie bisher. Im Nachhinein kann ich kleine Zeichen dafür erkennen, daß meine Eltern sich nicht sicher waren, ob ich tatsächlich glücklich war oder nicht, aber sie hätten nichts tun können, besonders da ich niemals zugab, irgendwelche Probleme zu haben. (Zwei Ausnahmen hatte es allerdings gegeben. Das eine Mal, als ich mich aus dem Kauf des lahmen Pferdes herausziehen wollte, und das zweite Mal, als ich mein eigenes Haus kaufte. Beide Male hatte ich meinen Vater, der sehr hilfsbereit war, um Rat gebeten und seinen Rat befolgt.)

Seit ich dieses Buch zusammenstelle, bin ich zu einer besonders interessanten Einsicht gelangt, nämlich, daß ich wirklich Eltern hatte, die um mich besorgt waren. Vorher war ich mir schon sehr klar darüber gewesen, was ich mit ihnen für Probleme hatte, besonders mit der Unfähigkeit meiner Mutter, mich loszulassen und die Verantwortung für mich abzugeben. Wenn sie in der Nähe war, hatte ich es so schwer, ich selbst zu sein, und das hatte es mir so schwer gemacht, meinen eigenen Glauben zu finden, wo sie doch eindeutig fand, meine religiösen Überzeugungen gehörten zu ihrerVerantwortung und nicht zu meiner. Ich wußte auch, daß ich einen Groll auf sie hatte, weil sie, als wir klein waren, immer lieber jemand anderen nach uns sehen ließ, als es selber zu tun. (In mancher Hinsicht war das allerdings ein Segen, denn ich fand sie sehr ungeduldig, und ihre Schnelligkeit und Pünktlichkeit paßten nicht gut mit meiner langsamen und träumerischen Art zusammen. Jahre später sagte sie mir einmal: "Aber du warst immer in allem so langsam und wolltest nie irgendwohin mitkommen, weil du Angst hattest, du könntest dann nicht auf deinem Pony reiten." Das stimmte genau.) Außerdem stritten meine Schwester und ich ständig miteinander, so daß sie offen bekannte, wie dankbar sie jedesmal war, wenn wir in unser Internat zurückkehrten. Für mich war das nur eine weitere Art, uns aus dem Weg zu schaffen.

Als ich dreiundzwanzig war, verletzte sie mich einmal so sehr wie nie zuvor. Sie sagte mir, ich sei viel zu alt, um sie immer noch zu küssen. Alles, was ich je versuchte, war, ihr beim Schlafengehen ein rasches Küßchen auf die Wange zu drücken. Ich hatte gelernt, es schnell zu tun und sie dabei nirgends anzufassen. Ich sollte auch nicht wie eine Motte um sie herumtanzen und auf meine Gelegenheit warten. Ich mußte es schnell erledigen. Nun wurde mir auch noch dieses letzte wertvolle Privileg entrissen. "Wie kann eine Mutter so lieblos sein und Zärtlichkeit so wenig mögen?" fragte ich mich. Ich unterdrückte meinen Schmerz, wie ich es immer getan hatte, und tat so, als sei nichts geschehen. Nicht einmal ich selbst merkte, wie verletzt ich war. Erst Jahre später, als ich einmal hoffnungslos betrunken war, kam dieser Zwischenfall wieder in mir hoch, und ich hörte mich zu meinem eigenen Erstaunen jemandem unter Tränen erzählen, wie tief sie mich verletzt hatte. Erst viel später wurde mir klar, daß nicht alle Küsse verboten worden waren, sondern nur die Gute-Nacht-Küsse. Wenn ich nach langer Zeit wieder einmal nach Hause kam, war ein Kuß noch gestattet. Aber diese Entdeckung heilte nicht sehr viel, denn es kam mir so schrecklich vor, daß sie nur dann Zärtlichkeit von mir ertragen konnte, wenn ich erst lange genug weggeblieben war.

Jede Münze hat zwei Seiten, und vermutlich stehen auf der anderen Seite dieser Münze jede Menge Geschichten darüber, wie ich meine Mutter verletzt habe, sie mit meiner Gedankenlosigkeit geärgert habe u.s.w. Zum Beispiel hörte ich erst kürzlich, daß sie mein Kichern, wenn ich sie küssen wollte, nicht mochte, an das ich mich überhaupt nicht erinnern konnte.

Es ist eine sehr beliebte New Age-Sache, alle diese Eltern-Probleme aufzudecken und zu verarbeiten, aber nie zuvor ist mir so bewußt geworden, wie sehr ich geliebt wurde, oder auch, ob ich geliebt wurde oder nicht, wie beim Schreiben dieses Buches. Auf einmal sehe ich, wie sehr meine Eltern besonders in meinen jungen Jahren ständig um mein Wohlergehen besorgt waren. Ein Kind wie mich in die Schule zu schicken, war gewiß nicht leicht, zumal sie ja wußten, daß ich jeden Augenblick davon haßte. Sie gaben eine Menge Geld für meine Erziehung aus, während ich mein Bestes tat, um nichts zu lernen, und für keine ihrer Bemühungen auch nur im geringsten dankbar war. Schließlich hätte ich alles anders gemacht, wenn ich die Wahl gehabt hätte. Meine Mutter war nur sehr gelegentlich so, wie ich es mir wünschte, aber ich sah nicht, daß sie selbst, wenn ich sie dafür haßte, was sie tat, oder wenn sie, wie sicherlich alle Mütter, Fehler mit mir machte, es eben so gut machte, wie sie es gerade konnte, und meistens mit sehr wenig Dank von meiner Seite.

Aber zurück zu meiner Geschichte. Die Wochen vergingen und brachten den Sommer ins Land. Eines Nachmittags, als ich die Schränke in meinem Arbeitszimmer aufräumte, wo ich alle Schreibarbeiten erledige, fiel aus irgend etwas ein kleines Stück Papier heraus. Ich hob es vom Boden auf und sah den Namen "Rhea Powers" darauf geschrieben und zwei Telefonnummern, eine in den Staaten und eine Kontaktnummer in London. Ich setzte mich auf den Boden und schaute nachdenklich das Stückchen Papier an. In meinen Meditationen hatte ich in der letzten Zeit mehrmals die Initialen R P gesehen und mich gefragt, was das wohl zu bedeuten hätte. Plötzlich war es klar. Sie standen für

Rhea Powers, und jetzt war es Zeit, diesem Hinweis zu folgen. Ich rief bei der Londoner Nummer an und fand heraus, daß die Person inzwischen umgezogen war, aber ich bekam ihre neue Nummer. Ich rief dort an, aber es war niemand zu Hause.

Schließlich gab mir jemand, der dort war, die Nummer der Arbeitsstelle, wo der Betreffende tagsüber zu erreichen war. Es klappte immer noch nicht, aber irgendwie mußte meine Botschaft durchgedrungen sein, denn schließlich rief mich jemand zurück, der etwas über Rhea wußte. Wie sich herausstellte, rief ich genau zum richtigen Zeitpunkt an, um für Juli eine Sitzung mit Rhea zu buchen. Es waren nur noch zwei Termine frei, und glücklicherweise paßte mir der 9.Juli 1985. Die Sitzung sollte irgendwo in einer Londoner Wohnung stattfinden. Ich war außerordentlich nervös. Normalerweise fuhr ich immer mit dem Auto nach London, aber diesmal nicht. "Womöglich bleibe ich in der Trance stecken", dachte ich, "oder mein Ätherkörper verfängt sich irgendwo da draußen, und dann weiß ich nicht mehr, wie ich nach Hause komme oder wo ich überhaupt zu Hause bin und was ich morgen zu tun habe!" Ich hatte so schreckliche Geschichten über diese "gefährliche" Therapie gehört und bin sowieso immer sehr nervös, auch in ganz sicheren Situationen.

So fuhr ich also am festgesetzten Tag mit dem Zug nach London (nachdem ich sorgfältig in mein Tagebuch notiert hatte, wer ich bin, wo ich wohne u.s.w., falls ich es nicht mehr wüßte, und das Tagebuch in meine Handtasche gesteckt hatte). Ich nahm einen Zug, der mir nach meiner Schätzung reichlich Zeitspielraum gab. So war es auch, aber nachdem ich etwas gegessen hatte, mußte ich immer noch die halbe Stadt durchqueren und die Wohnung finden, wo Rhea war. Ich wäre auch sicherlich eine dreiviertel Stunde zu früh gekommen, wenn die Dinge so gelaufen wären wie geplant, aber das taten sie nicht. Ich brauchte drei Züge statt einem. Zuerst stieg ich in den falschen Zug ein und fuhr in die falsche Richtung los. Als ich es merkte, versuchte ich, den Fehler wiedergutzumachen, und stieg in einen anderen Zug um. Nun schien alles in Ordnung, nur stieg ich in meiner Panik zu früh aus, und als ich aus der U-Bahn herauf auf die Straße kam, war ich ganz verkehrt. Also mußte ich wieder hinunter, mich nach einer neuen Fahrkarte anstellen, auf den nächsten Zug warten, und diesmal schaffte ich es, lange genug drin zu bleiben, und erreichte mein Ziel. Ich hatte am Telefon genaue Anweisungen bekommen, wie ich zu der Wohnung gelangen würde, aber obwohl alles genauestens in meinem Tagebuch stand, hatte ich vergessen, daß es eine Wohnung war, und schaute an einer der Türen in der Straße nach der falschen Nummer. Natürlich fand ich sie nicht, also schaute ich anderswo. Das klappte auch nicht, also ging ich die Straße wieder zurück. Als ich vor einer Tür stehenblieb, die sich dann tatsächlich als die richtige erwies, kam ein junger Mann daher, der wohl meinen hilflosen Gesichtsausdruck bemerkte und mir seine Hilfe anbot. Ich war gerettet, er brachte mich die Treppe hinauf zu der Wohnung, wo Rhea auf mich wartete. Es gefiel ihr nicht, daß ich so spät kam, denn sie hatte einen sehr engen Zeitplan. Es wurde noch schlimmer, denn ich mußte zuerst noch ins Badezimmer. Nerven spielen einem so schreckliche Streiche, daß ich zu allem Überfluß so durchgeschwitzt war, daß ich mich waschen und eine frische Bluse anziehen mußte, bevor ich mich in irgend jemandes Nähe wagte. Als ich schließlich aus dem Badezimmer auftauchte, waren von meinen anderthalb Stunden gerade noch etwas über eine Stunde übrig. Ich dachte, ich hätte einfach nur Pech gehabt mit meinem Zuspätkommen, aber inzwischen sehe ich die Dinge anders und weiß, daß meine unterbewußte schreckliche Angst mir ein paar Verzögerungen verschaffte, um die Sitzung abzukürzen.

Als die Sitzung endlich begonnen hatte, ging alles ganz glatt, und keines der furchtbaren Dinge, die ich befürchtet hatte, geschah. "Mit Rhea wirst du ganz sicher sein, sie ist super!" hatte Linda mir gesagt, und so war es. Vielleicht fragen Sie sich, wieso in aller Welt ich überhaupt hinging, wenn ich solche Angst davor hatte. Es gehört zu meinem Charakter, daß ich Sachen mache, vor denen ich mich fürchte, ein bißchen, um mir zu beweisen, daß ich doch nicht so ein Feigling bin, wie ich denke! In diesem Falle stand jedoch noch etwas Tieferes dahinter. Es nahm mich völlig gefangen, all die unsichtbaren Bereiche zu erforschen, die ich entdecken konnte. Ich wollte durch diese Rückführung nicht herausfinden, was ich gewesen war oder was ich getan hatte, sondern ich wollte wissen, ob ich früher schon gelebt hatte und, wenn ja, ob ich mich wirklich daran erinnern konnte. Ich war ziemlich skeptisch, aber ich wollte es wirklich wissen.

Obwohl ich den ersten Teil meiner Sitzung verpaßt hatte, wirkte sie sich außerordentlich stark auf mein Leben aus, wie ich später merkte. “Diese Frau hat mich in weniger als eineinhalb Stunden mehr verändert als irgend jemand anderer in Jahren!” dachte ich voller Dankbarkeit. Es war ein echter Schritt nach vorn, und ich wollte weitergehen, vielleicht noch viele Schritte.

Leider kam Rhea nicht wieder nach London, so daß ich zwei Jahre später noch immer vergeblich auf sie wartete. Eines Nachts im Traum suchte ich sie in London. Ich fand ein großes Gebäude, in dem sechs Therapeuten waren, zwei Männer und vier Frauen. Ich fragte sie nach Rhea Powers. “Sie ist nicht da, aber wir können Ihnen auch helfen”, bekam ich zur Antwort. Ich schaute sie mir an und nahm wahr, daß zwei von ihnen auch für mich gepaßt hätten, aber ich wollte Rhea. “Warten Sie bis September”, sagte einer von ihnen, und ich ging hinaus. Dieser Traum blieb mir von April bis September im Gedächtnis, aber da hatte ich immer noch nichts von ihr gehört, und die Kontaktadresse in London konnte mir auch nicht helfen. Ungefähr am 29.September, als ich schon alle Hoffnung aufgegeben hatte, sagte mir jemand, mit dem ich in Findhorn/Schottland bei einem Heilungsseminar das Zimmer teilte, beiläufig: “...und Rhea Powers ist natürlich da.” Ich hatte nicht von ihr gesprochen, aber hier war jemand, der sie nicht nur kannte, sondern mich auch wieder mit ihr in Kontakt bringen und mir ihre neue Adresse in Deutschland geben konnte. Mein Traum hatte recht gehabt, zwar nicht so, wie ich es gehofft hatte, aber der Hoffnungsstrahl war pünktlich im September eingetroffen. Gieselheid McKenzie, die es mir gesagt hatte, sollte mir, wie Sie später lesen werden, noch einmal in meinem Leben helfen.

All das führte schließlich dazu, daß ich nach Hamburg fuhr, um an einem Lichtarbeiter-Training teilzunehmen, das Rhea mit Gawain Bantle, mit dem sie jetzt verheiratet war, leitete. Sie arbeitete jetzt ziemlich anders, aber irgendwie hatte ich das Gefühl, von meinem Schutzengel oder Höheren Selbst dorthin geleitet zu werden. Es war eine gute Führung, fand ich; es half mir sehr, meine übersinnliche Wahrnehmung und meine Fähigkeiten auf diesem Gebiet zu entwickeln. Ich fühlte mich auch persönlich viel freier und glücklicher, nicht vollkommen verwandelt, aber doch beträchtlich. Es geschah eine subtile Veränderung mit mir, und ich spürte plötzlich den Wunsch, wieder Kontakt mit Linda Tellington-Jones aufzunehmen. Gawain gab mir die Telefonnummer von jemandem, der vielleicht wußte, wo sie war. Ich hatte Glück, und Ende November desselben Jahres konnte ich an einem von Lindas Trainings in der Nähe von Hamburg teilnehmen.

Wenn ich mit Linda zusammen bin oder mit ihr spreche, löst das immer irgend etwas in mir aus; auf einmal geschieht alles mögliche. Diesmal war es ein echter Meilenstein in meinem Leben, denn plötzlich fing ich an, die Tierbotschaften zu empfangen, die ich in diesem Buch aufschreibe. Ich war auf einmal ganz voll davon, hatte aber niemanden, mit dem ich darüber sprechen konnte. Schließlich konnte ich es nicht länger aushalten und beschloß, Linda anzurufen, wahrscheinlich die einzige Person, die mich nicht damit zum Arzt schicken würde. Ich hatte noch nie jemanden aus so großer Entfernung angerufen und war wirklich gespannt, ob sie lange genug am Telefon bleiben würde, bis ich meine unwichtigen kleinen Geschichten erzählt hatte. Aber ich mußte einfach mit jemandem darüber sprechen.

Linda ans Telefon zu bekommen, ist nicht ganz leicht. Sie ist sehr viel unterwegs, und wenn sie zu Hause ist, hat sie meist sehr viel zu tun. Außerdem besteht ja zwischen London und New Mexico eine Zeitverschiebung von sieben bis acht Stunden. Ich versuchte es immer wieder, und bei meinem fünften oder sechsten Versuch erreichte ich schließlich spät abends (englischer Zeit) anstelle des Anrufbeantworters oder ihrer Assistentin Linda selbst. Ziemlich entschuldigend erzählte ich ihr meine erste Tiergeschichte. Nach einem Drittel hörte sie immer noch geduldig zu, und ich fragte mich, ob es wirklich so weitergehen konnte. "Wird diese vielbeschäftigte Frau wirklich lange genug am Telefon bleiben, um sich das alles anzuhören?" fragte ich mich. Zu meinem großen Erstaunen war Linda am Ende meiner Geschichte immer noch da, und, was mich noch mehr verblüffte, sie schien wirklich interessiert zu sein. Ob ich ihr bitte etwas davon aufschreiben könne? Sie kenne ein paar Leute, die wirklich davon hören sollten. Ich versprach es unter der Voraussetzung, daß sie meinen Namen nicht erwähnte. Ich hatte immer noch große Angst davor, irgend jemand könne herausfinden, was ich machte und erlebte. Ein Teil von mir wollte gern diese Dinge mit aller Welt teilen, aber selbst als Linda, die enger mit Tieren zusammenarbeitet als sonst jemand, den ich kenne, von den Tieren gesagt bekam, daß ich diese Informationen weitergeben solle, legte ich immer noch unverhältnismäßig großen Wert auf die Meinung anderer Leute und ob sie mir zustimmten und mich akzeptierten. Ich fürchtete, daß man mir nicht glauben und mich lächerlich machen würde. Diese Schwierigkeiten überwand ich größtenteils durch meine Arbeit mit Chris Griscoms Light-Institut, von der ich später im Buch ein wenig erzähle.

Ich war wirklich überglücklich. Seit meiner allerersten Ahnung, daß ich vielleicht mit einer bestimmten Mission auf die Erde gekommen war, hatte ich danach gesucht. Nun, wo mir klar war, daß ich nicht durch einen unglücklichen Zufall auf der Erde war, sondern daß eine bewußte Absicht dahinterstand, ganz gleich, wie viele Bedenken ich dagegen haben mochte, wußte ich, daß ich mir keine größere Verletzung oder Enttäuschung bereiten konnte als zu sterben, ohne meine Aufgabe für dieses Leben erfüllt zu haben. Nur so hatte all das Leid, was ich bis dahin erfahren hatte, irgendeinen Sinn. Natürlich erhoffe ich mir noch andere Dinge vom Leben – Spaß und viele Pferde und Reisen und aufregende Abenteuer – aber zu tun, was hier meine Aufgabe ist, ist mein oberstes Ziel. Ich hatte noch nie Spaß daran, etwas zu tun, was genauso gut jemand anderer tun konnte. Wenn ich die Wahl hatte, habe ich mir immer Sachen ausgesucht, für die ich wirklich gebraucht wurde. Vielleicht waren diese Tierbotschaften erst ein kleiner Anfang, aber sie fühlten sich wirklich wie **meine** Aufgabe an, ganz gleich, wie viele Menschen in anderen Teilen der Welt vielleicht an etwas Ähnlichem arbeiten.

1

Wie alles anfing

Eines trüben Nachmittags hatte ich mich in meinem Lieblingssessel zusammengerollt und las in einem von Lindas TTEAM-Rundbriefen. (Darin stehen alle möglichen interessanten Neuigkeiten über Linda Tellington-Jones' Arbeit: was so vor sich geht, Erfahrungen von anderen u.s.w.) In der Aprilausgabe von 1988 spricht Linda nur kurz über etwas, was sie den "Rat der Tiere" nennt. Sie erzählt von Botschaften, die sie nicht im Traum, sondern am hellichten Tag von den Tieren erhalten hat, und sagt, daß auch andere Leute, die bereit sind zuzuhören, das können. Sie kannte noch mindestens zwei Leute, die dieselbe Erfahrung gemacht hatten.

Dinge zu visualisieren ist mir schon immer leicht gefallen, deshalb hielt ich beim Lesen inne, ließ diese interessante Neuigkeit auf mich wirken und stellte mir dann die Tiere vor, wie sie im Kreis herum saßen. Ich brauchte mir gar nicht jedes einzeln vorzustellen, denn es waren alle augenblicklich da. Ich saß in der Mitte ihres Kreises, und das Ganze geschah auf einer grasbewachsenen Lichtung im Wald. Auch das brauchte ich mir nicht auszudenken, sondern es war einfach so. Trotzdem hielt ich es noch immer für ein Spiel meiner Vorstellungskraft, aber ich fühlte mich ein wenig unbehaglich. Ich hatte oft Angst vor Menschen, und jetzt fragte ich mich, was wohl ungemütlicher sein mochte: in der Mitte eines Kreises von Menschen oder eines Kreises von Tieren zu sitzen. Ich dachte mir schon "Menschen", war mir aber noch nicht ganz sicher, als eine Stimme sagte: "Über deine Angst vor Menschen bist du schon fast hinweg. Du bist fast so weit, daß du mit uns arbeiten kannst." Ich erschrak wirklich. Ich konnte mir nicht länger einbilden, daß ich mir das ausdachte, denn diese Worte waren ganz sicher nicht von mir! Die Stimme kam irgendwo aus der Richtung der Giraffe. Ich schaute mich im Kreis um und sah, daß jedes Tier einer anderen Gattung angehörte. Alle schienen da zu sein, sogar ein kleines graues Kaninchen saß da neben blauen Glockenblumen. Ich hatte immer geglaubt, mich mit Tieren einigermaßen wohlzufühlen, weshalb war das dann jetzt so eine Herausforderung für mich? Vielleicht weil ich so wenig über sie wußte. Mein Leben war so vollständig mit Pferden ausgefüllt gewesen, daß ich mich nie näher mit irgendeiner anderen Tierart befaßt hatte. Manche der Tiere, die mir hier erschienen, sind dem Menschen in der physischen Dimension gefährlich, und andere konnte ich gar nicht identifizieren. Sie lasen jedoch offensichtlich alle meine Gedanken und verstanden mich sogar besser, als ich mich selbst verstand. Das war meine erste Begegnung.

Damit schien der Grund für weitere Kommunikationen gelegt zu sein. Am 9. Januar, ein paar Tage später, saß ich spät abends auf dem Boden an dem Platz, wo ich immer meditiere, bevor ich zu Bett gehe. Wie gewöhnlich nahm ich mir erst ein paar Minuten Zeit, um zu sehen, welche Art von Meditation an diesem Abend am besten paßte. Während ich noch überlegte, merkte ich, daß sich wieder der Kreis der Tiere um mich gebildet hatte. Diesmal hatte ich keine Angst. Ich dachte daran, daß sie ja alle, selbst Löwen, in einer anderen Dimension waren und daher keine Gefahr für mich bedeuteten. Ich spürte jetzt auch ihre Schwingungen besser und wußte, daß ich sie liebte und daß mir ihr Kommen sehr viel bedeutete. Ich spürte, daß sie ganz besondere Tiere waren, und die Tatsache, daß sie mich ihres Besuches für würdig erachteten, berührte mich zutiefst. Dann geschah folgendes:

Zuerst sah ich das Zeichen von TTOUCH. Es sieht aus wie zwei große zusammengezogene T, also TT. (Ich erkläre wohl besser, daß das etwas aus Linda Tellington-Jones' Arbeit ist. Berührung (engl. touch , Anm. d. Übers.) wird dabei oft im Kreis auf Tiere angewandt, um ihnen z.B. mit ihrer Körperwahrnehmung zu helfen, um Schmerz oder Angst zu lindern u.s.w. Auch die Menschen profitieren davon.) Ich sah nur die beiden T in leuchtendem Gold, dicht vor meinen Augen, die oben mit Mohnblumen und grünen Blättern geschmückt waren. Das Bild blieb eine Weile so stehen, wie um sich mir einzuprägen. Dann verschwand das Zeichen, und ich sah wieder den Kreis der Tiere vor mir. Ein Ring von goldenem Licht schien durch die Körper aller Tiere hindurchzugehen und sie miteinander zu verbinden. Was das wohl zu bedeuten hatte? "Der magische Kreis",sagten sie. Ich verstand nicht ganz, aber sie wiederholten immer wieder "der magische Kreis". Vielleicht betonten sie etwas oder wollten mir etwas bewußt machen, was schon in gewissem Maße bekannt ist. Kreise und Ringe sind ja etwas sehr Starkes, sie enthalten viel Kraft. Ich glaube, daran wollten sie mich erinnern. So endete meine zweite Begegnung.

Am nächsten Abend meditierte ich wieder. Diesmal war es eine bewußte Meditation zur Heilung des Planeten. Wie ich es vor kurzem in einem spirituellen Seminar gelernt hatte, hielt ich mit meinen geistigen Händen den Planeten Erde ins Licht hinauf. Nach kurzer Zeit sah ich andere menschliche Hände aus anderen Richtungen kommen und auch den Planeten hochheben. Ich hatte das schon mehrmals erlebt und war deshalb nicht erstaunt darüber. Was dann geschah, erstaunte mich jedoch sehr!

Ich bemerkte plötzlich einen wunderschönen Leoparden, der auch helfen wollte. Dann sah ich, wie sich auch die anderen Tiere versammelten. Sie wollten alle helfen. Ich empfing diese Informationen nicht ausschließlich in Worten, sondern teilweise durch telepathische Eindrücke. Sie zeigten mir, wieviel Macht die Menschen haben und wie die große Mehrheit der Menschen sich von der Natur abgewandt hat. Ich sah das in Bildern. Der Weg der Menschen sah wie ein U aus. Ich wurde noch auf etwas anderes aufmerksam. Die Vögel kamen, und dann war auch ein prächtiger Baum da, ganz von Licht umgeben. Die Bäume halfen auch. Ich sah, daß die Menschen das harmonische Funktionieren des Planeten empfindlich gestört hatten. Wenn ich mich fragen sollte, warum, dann würde ich denken, es ist alles Teil eines Lernprozesses; aber jetzt ist es Zeit, umzukehren und den Schaden wiedergutzumachen. Das könnte vielleicht für uns alle die wertvollste Lehre sein. Wie ich so saß und die Vertreter der verschiedenen Reiche der Natur anschaute, hörte ich immer wieder die Worte: "Wir warten, wir warten!" Sie warten darauf, daß wir umkehren und mit ihnen zusammenarbeiten und erkennen, daß wir alle Teil ein und desselben Bewußtseins sind, und aufhören, so zu tun, als ob der Mensch die einzige Lebensform von wahrem Wert sei, und den Rest der Schöpfung zu mißachten. Das Eindrucksvollste, was ich an diesem Abend sah, war der von Licht umgebene Baum. Ich möchte deshalb ein wenig zurückblenden und ein paar meiner Erlebnisse mit Bäumen erzählen.

2

Bäume

Es begann in diesem Leben am 9. Oktober 1988. Ich nahm an einem privaten Meditationskurs teil, der von George Pratt, einem Trance-Medium, Heiler und spirituellen Lehrer, geleitet wurde. An diesem Abend machten wir eine geführte Meditation, und George forderte uns auf, uns eine Eiche vorzustellen. Wir bekamen sicher noch mehr Anweisungen, aber dies ist die letzte, an die ich mich erinnern kann, bevor ich in meine persönlichen Erlebnisse eintauchte und Georges Worte nicht mehr hörte. Wir waren eine kleine Gruppe, und sicherlich hatte jeder von uns hinterher etwas anderes zu erzählen. Dies war mein Erlebnis:

"Ich fühlte mich zu dieser Eiche hingezogen, und als ich näherkam, ging in ihrem Stamm eine ganz kleine Tür auf, so, als würde ich dazu eingeladen einzutreten. Ich schaute hinein und sah eine Art dunkelbrauner Dichte. Ich zögerte etwas hineinzugehen, denn ich wollte dem Baum nicht wehtun. Da nahm ein winziges Männchen in blattgrünem Gewand und mit einem spitzen Hut auf dem Kopf meine Hand, um mir zu zeigen, daß ich ruhig hereinkommen könne. Gemeinsam stiegen wir in den Baum hinein. Die Tür schloß sich hinter mir, und ich nahm das Männlein in Grün nicht mehr wahr. Mein eigenes Wesen nahm in dem Baum Platz, meine Arme und mein Kopf reckten sich empor und wurden zu Ästen und Blattwerk, während ich von den Hüften abwärts nach unten in ein komplexes Netzwerk von Wurzeln in der guten Mutter Erde versank. Ich nahm die Erdpartikel wahr, aus denen ich Nahrung ziehen konnte, und die Moleküle von Sauerstoff und Feuchtigkeit zwischen den Erdpartikeln, die sich an meine Wurzelhaare schmiegten. Ich spürte, wie meine Wurzeln sich allmählich ausbreiteten, wie ihr Netzwerk durch die Erde kroch. Ich spürte die Biegsamkeit meines Stammes und das rauhere Material der Rinde drumherum, während ich im Wind hin und her schwankte, die Äste nach oben in den Himmel gereckt, und ich spürte, daß ich noch viel mehr Bewegung aushalten konnte.

Ich sah den Herbst kommen und meine Blätter fallen. Mein Wesen ließ sie einfach los, es bereitete mir keinen Schmerz, sie gehen zu lassen. Es geschah ganz natürlich im Rhythmus der Natur, der mein Wesen unverletzt ließ. Ich sah mich allein auf einem grünen Hügel stehen. Ein Mann mit einer Axt über der Schulter kam auf mich zu. Er kam zu mir her, und ohne ein Wort, ohne jede Kommunikation zwischen uns, als ob ich irgendein gefühlloses Ding ohne Lebensrecht auf dem Planeten wäre, haute er mich ab. Ich bekam keine Erklärung, ich wurde nicht um Erlaubnis gefragt. Ich war hilflos gegen seine Axt. Ich sah ein kleines Haus an der Seite des Hügels auftauchen, das zum Teil aus meinem Holz gebaut war. Ich sah auf meinen Baumstumpf, der jetzt oben zum Himmel offen war. Der Saft drängte weiter nach oben, aber er gab keinem Baum mehr Leben, denn ich war abgehauen worden. Eine Zeitlang blutete dieser kahle Stumpf Saft in die Atmosphäre, der die Äste nicht mehr erreichen konnte. Ich hatte einen heftigen Schock erlitten. Meine Gefühle waren wie betäubt, bis mein Geist langsam von diesem Ort fortschwebte. Bis dieser Mann kam, hatte ich nur Leben und Harmonie und Verbundenheit mit anderem Leben gekannt."

Was war da mit mir geschehen? Es gibt mehrere Möglichkeiten. Vielleicht habe ich wirklich ein Leben als Baum auf diesem Planeten gelebt, vielleicht war es eine meiner Inkarnationen. Vielleicht durfte ich diese Erfahrung auch nur dieses eine Mal, 1988, in einer anderen Dimension machen, um verstehen zu können, wie Bäume sich fühlen. Solche Gedankengänge haben nur dann Gültigkeit, wenn man die lineare Zeit als einzige Realität akzeptiert. Wenn man sich davon befreit, was bedeutet, daß sowieso alles gleichzeitig geschieht, dann macht es keinen großen Unterschied. Ich war, bin oder werde der Baum sein oder auch nicht. Man kann es auf viele Weisen betrachten, und welche die annehmbarste ist, hat für mich wenig Bedeutung. Was wirklich zählt, ist, daß ich Einsichten gewann, die ich nie auf andere Weise hätte bekommen können, und daß ich sie an andere Menschen weitergeben kann, die sie hören wollen, so daß die Menschen vielleicht ein wenig sensibler für die Pflanzenwelt werden. Wenn ein Baum gefällt wird, muß ganz eindeutig zuerst mit dem Geist des Baumes kommuniziert werden, und man muß seine Zustimmung einholen. Auf diese Weise basiert die Handlung auf einer Zusammenarbeit mit dem Pflanzenreich.

Nach diesem Erlebnis fuhr ich wie gewöhnlich über Weihnachten zu meiner Mutter. Wie immer machte ich am 26. Dezember einen Spaziergang in die Wälder der Umgebung. Ich gehe selten ganz gemächlich irgendwo spazieren, aber diesmal hatte ich Zeit, und daher wollte ich sehen, ob ich nicht eine kleine Kommunikation mit einem Baum zustandebrächte, wie ich sie in einem von Lindas Rundbriefen gelesen hatte. Ich war sehr gespannt darauf. Ich ging zu einem Baum hin, von dem ich mich angezogen fühlte. Bevor ich mit meiner Übung anfangen konnte, sprach der Baum: "Hier ist nicht alles gut", sagte er. "Vieles ist verkehrt." Ich spürte die Not des Baumes körperlich, wie er versuchte, gehört zu werden und im Interesse des Planeten Alarm zu schlagen, aber die meisten von uns gehen achtlos und mit tauben Ohren vorbei. Jetzt konnte ich anfangen.

Die Übung heißt "Zeremonie des blühenden Baumes", und Linda hat sie von Rupert Sheldrake gelernt, einem der fortschrittlichsten Wissenschaftler der Erde. Man stellt sich mit dem Rücken an die Südseite des Baumes und fragt: "Wer bin ich?" Dann geht man zur Nordseite und fragt: "Woher komme ich?", dann zur Westseite mit der Frage "Was mache ich hier?" und dann zur Ostseite mit der Frage "Wohin gehe ich?" Bei mir ging es so:

"Wer bin ich?"	*Helena*
"Woher komme ich?"	*Von einem heiligen Ort*
"Was tue ich hier?"	*Lernen*
"Wohin gehe ich?"	*Zu einem heiligen Ort, nach oben, wie ich*

Die letzten Wörter schienen gleichsam angehängt, wahrscheinlich weil ich mit der kurzen Antwort unzufrieden war. Es ist interessant, daß mit etwas Übung die Antworten allmählich länger und ausführlicher werden. Das wußte ich jedoch zu der Zeit noch nicht und nahm an, es ginge immer so vor sich. Wie ich jetzt auch sehen kann, blockierte ich damals sicherlich selber viele Informationen, denn ich hatte den Gedanken im Hinterkopf, "ein Baum kann ja wohl kaum etwas über mich wissen, und wenn er etwas weiß, dann ist es höchst unwahrscheinlich, daß ich es hören werde."

Ich verabschiedete mich ein wenig eilig von dem Baum (meine Mutter wunderte sich sicher schon, was ich in der Dämmerung noch draußen machte). Beim Weggehen merkte ich, daß ich noch immer mit dem Geist des Baumes verbunden war. Ich sah wieder, wie er sich mir öffnete, und aus seinem Inneren trat ein Naturgeist heraus, der sich als winziges Männchen in Grün mit einem spitzen roten Hut manifestierte. Er ging mir nur bis etwas über die Knie. Wir begrüßten einander freudig und verwundert. Ich fühlte, wie ich ihm über Schulter und Rücken strich, und er streckte seine Hand aus und berührte meinen Arm auf der anderen Seite. Es floß eine schöne Energie zwischen uns, ich spürte die Überraschung und die Freude in jedem von uns. Er sagte mir, wieviel es ihm bedeute, mit menschlichem Bewußtsein in Berührung zu kommen, und ich hatte das Gefühl, daß eine Tür zwischen den beiden Welten geöffnet worden war, die traurigerweise und zu Unrecht gewöhnlich verschlossen ist. Es liegt jedoch an uns, sie zu öffnen.

Nachdem ich von den meisten meiner früheren Erlebnisse mit Bäumen erzählt habe, möchte ich jetzt vom 18. Januar berichten, acht Tage nach meiner Vision von dem von Licht umgebenen Baum, der das Baumbewußtsein und seine Rolle bei der Heilung des Planeten zeigte. Ich hielt Bäume immer noch für etwas ziemlich Einfaches, das nicht dazu geeignet war, Informationen durchzugeben. Sie gehörten für mich zu den niedrigeren Bereichen der Natur.

Zu Beginn meiner Meditation sah ich eine schöne Kiefer. Dann kamen andere Vertreter des Baumreiches hinzu, bis es ganz viele Bäume waren. Langsam und sorgfältig erzählten sie mir mehr von ihrem inneren Wesen, als mir je zuvor bewußt gewesen war. Es war ihnen klar, daß ich sie für zweit- oder drittrangige Medien zum Channeln von Weisheit und Wissen gehalten hatte. "Schau uns an!" riefen sie. "Siehst du nicht, wie wir ausnahmslos unsere innere Gotteskraft, so gut wir es konnten, auf all den verschiedenen Standplätzen zum Ausdruck gebracht haben? Nie haben wir das Gesetz des Universums verletzt. Wir sind immer so vollkommen, wie es uns möglich ist, und dienen der Erde auf jede nur mögliche Weise. Unser Sein auf der Erde ist unbefleckt, und wir haben immer die Gotteskraft, die uns beherrscht, so ausgedrückt, wie wir sollten, warum betrachtest du uns da als minderwertige Kanäle für das Licht?"

Das veränderte einiges für mich! Ich fühlte mich jetzt sehr demütig gegenüber diesen herrlichen Wesen. Ich sah, wie falsch ich sie vorher eingeschätzt hatte. Ich dachte daran, was die Menschen schon alles falsch gemacht haben, und mir wurde klar, wie relativ schwierig es für uns "befleckte" Wesen ist, ein reiner Kanal für Weisheit und Licht zu sein.

3 Eine Identitätsfrage

Ich saß am nächsten Tag gar nicht in irgendeiner passenden oder "richtigen" Meditationshaltung, das heißt, mit aufrechter Wirbelsäule, sondern hatte mich gemütlich mit einem Buch im Sessel zusammengerollt. Schließlich las ich und meditierte nicht. Ich legte jedoch mein Buch nieder und dachte an den Kreis der Tiere, der mich schon einmal besucht hatte. Das war genug, um sie wieder herbeizurufen.

Beim ersten Mal war ich voller Staunen darüber gewesen, daß sie sich überhaupt die Mühe machten, zu mir zu kommen. Dieses Mal, nach meinem Erlebnis mit den Bäumen, wurde mir klar, daß es nicht genügte, von ihrem Kommen berührt zu sein, sondern daß ich sie als gleichberechtigte Partner behandeln, daß ich sie als Mitbewohner des Universums , die aus derselben Gottesenergie leben wie ich, lieben und achten mußte. Die Tiere spürten die Veränderung in mir. Sie kamen näher heran, und vorsichtig zeigten wir einander unsere Liebe. Ich sah das erste Tier auf mich zukommen und wollte gern wissen, was für ein Tier es war. Ich wußte, wie gesagt, von Tieren, ausgenommen Pferden, sehr wenig. Nach der Musterung seines Fells zu urteilen, hielt ich dieses Tier für eine Art Leoparden. "Ich bin ein Tiger", sagte es. "Das kann doch nicht sein", meinte ich, "Tiger haben doch ein anderes Fell!" Er gab es auf und ließ mich statt dessen seinen schönen Rücken streicheln. Wenn ich so mit anderen Wesen kommuniziere, merke ich immer, daß ich mich ganz unabhängig von meinem physischen Körper bewegen kann. Mein Bewußtsein kann sich mit oder ohne Körper herumbewegen und ganz frei mit den Dingen oder Wesen, mit denen ich gerade zu tun habe, umgehen. Manchmal kontrolliere ich diese Bewegungen bewußt, manchmal haben sie auch ein ganz eigenes Leben, insbesondere in den tieferen Meditationszuständen. Wenn ich also sage, ich streichelte den Rücken des Tigers, dann lagen meine physischen Hände dabei vermutlich ganz still. Als die Tiere alle ziemlich nahe bei mir waren, fragte ich mich, was wir als nächstes tun könnten. Wie gewöhnlich hatten sie meine Gedanken gelesen. "Wir zeigen es dir", sagten sie. Sofort erschienen zwei Bäume vor mir, deren Stämme wie zwei Säulen zu beiden Seiten eines Weges standen. Als ich diesem Weg durch den Wald folgte, bemerkte ich, daß mich auf allen Seiten viele Tiere begleiteten. Ich war ganz von ihnen umgeben. Wir hatten alle dasselbe Ziel. Es herrschte vollkommene Stille, aber wir waren alle durch unser gemeinsames Ziel verbunden. Ich schaute immer wieder den Elefanten an, der nicht weit von mir auf der rechten Seite lief. Er bewegte sich so majestätisch. Er wandte nicht ein einziges Mal den Kopf, um mich anzuschauen, sondern war ganz auf sein Ziel konzentriert, aber ich war sicher, daß er genau wußte, wo ich war. Das Tier, das sich Tiger nannte, ging nahe an meiner anderen Seite, und es gefiel ihm, wenn ich es berührte.

Nach einer Weile brach ich die Stille und fragte, wohin wir gingen. Mir wurde gezeigt, wie der Weg langsam anstieg. Der Fluß, an dem wir entlanggingen, wurde klarer und reiner, Unreinheiten wurden weggefiltert, und vor uns lag ein schöner Platz, der von sanftem, goldenem Licht erfüllt war. Ich verstand: Das Licht war unser Zuhause, die Gegenwart Gottes, die Quelle oder wie immer man es nennen will. Das Licht, aus dem wir gekommen sind und in das wir alle zurückkehren.

An diesem Punkt kehrte ich wieder in meinen normalen Bewußtseinszustand zurück. Ich erhob mich aus meinem Sessel und holte die Zeitung, die der Zeitungsjunge gerade durch den Briefkastenschlitz geworfen hatte. Das erste, was ich sah, als ich die Zeitung mit in die Küche nahm, war das Bild eines Tigers. Er sah genauso aus wie das Tier, das sich als Tiger bezeichnet hatte. Ich hatte nicht gewußt, daß Tiger eine so asymmetrische Zeichnung haben. Ich hatte immer gedacht, sie hätten völlig gleichmäßige Streifen am ganzen Körper wie die Spielzeugtiger, die ich gesehen hatte. Wie um alles in der Welt hatte ich mir einbilden können, besser zu wissen als der Tiger selbst, was für ein Tier er war? Zwei Tage später sah ich mir gespannt ein Fernsehprogramm

über Tiger in irgendeinem Teil von Indien an, und ich sah, daß die Zeichnungen auf ihrem Fell verschieden sind und daß viele ganz ähnlich aussehen wie mein nicht-physischer Freund. Kurz darauf kam der Tiger mich besuchen, während ich meditierte. Er war diesmal offenbar allein. Ich bat ihn, mir zu erklären, was der Strom, den ich gesehen hatte, bedeutete. Soviel ich verstand, sagte er, er stünde für die Läuterung der Schöpfung auf ihrem Weg ins Licht.

Dies war eine gute Lehre in Vertrauen für mich gewesen. Ich hatte zwar keines gezeigt, hatte aber verstanden, daß es in schwierigeren Fällen, wie zum Beispiel dem folgenden, nützlich für mich wäre.

Ich saß wieder einmal in einer von George Pratts Meditationsgruppen. Wir waren schon fast am Ende, als ich plötzlich eine kleine grüne Wesenheit wahrnahm, die mir offenbar etwas sagen wollte. Ich konnte nicht entdecken, ob es ein "Er" oder eine "Sie" war, und werde deshalb einfach von "er" reden. Ich sah ihn auf der linken Seite und wandte meine inneren Augen zu ihm hin, um ihn mir näher anzusehen. Dieses Wesen hatte ganz gewiß nichts Menschliches an sich, wenn auch ein Teil der Kopf zu sein schien und ich wußte, daß er mich anschaute. Er war von einem blassen Blattgrün, und sein Körper erschien mir durchsichtig. Ich fragte mich, ob er vielleicht ein Außerirdischer sei, denn ich wußte, daß diese in vielen Formen existieren. "Ja, ich bin ein Außerirdischer", antwortete er auf meine unausgesprochene Frage. "Was machst du?" fragte ich. "Ich arbeite an den Molekülen der Erdatmosphäre, um sie reinigen zu helfen." Ich fand es wunderbar, daß dieses kleine Lichtwesen kam, um uns zu helfen, und schickte ihm liebevolle Gedanken. Seine kleine grüne Form füllte sich mit goldenem Licht, und wir schieden voneinander.

Im Nachhinein kamen mir Zweifel, und ich fragte mich, ob er nicht vielleicht eine Art Naturgeist aus der Luft gewesen war. Aber dann fiel mir ein, daß ich ihn ja gar nicht gefragt hatte, was er war, auch wenn er vielleicht meine Gedanken gelesen hatte, und daß ich daher eigentlich gar keine Antwort erwartet hatte. Ich war über seine Antwort erstaunt gewesen, also konnte ich sie mir ja eigentlich nicht ausgedacht haben. Zweitens erinnerte ich mich an die Lehre mit dem Tiger und beschloß also, ihm zu vertrauen.

Je mehr Durchgaben ich empfange, desto klarer wird mir, daß sie mich etwas lehren, und zwar nicht nur durch die Informationen, sondern es sind auch diese Lektionen über Annehmen und Vertrauen eingebaut. Ich könnte sie vielleicht Lektionen in Medialität oder Channeling-Lehren nennen, und sie haben ganz gewiß eine vollkommene Reihenfolge. Viele Male, wenn es mir wirklich schwerfiel, bestimmte Informationen zu glauben, oder ich mich fragte, ob ich etwas wirklich richtig verstanden hätte, bekam ich hinterher irgendeine Form von Bestätigung. Ein Beispiel war das Bild des Tigers in der Zeitung, und sehr oft sagte mir auch ein anderes Medium: "O ja, ich habe genau das gleiche gesehen." Es erfordert alles so viel Vertrauen. Als ich anfing, hatte ich sehr wenig davon, aber ich glaube, langsam wächst es.

4

Energiewirbel oder Kraftorte

Während ich mich zu Hause mit einem Buch auf dem Schoß zusammengerollt hatte, sah ich plötzlich ganz in meiner Nähe etwas, was wie ein Leopard aussah. Er wollte mir ganz offensichtlich etwas mitteilen. Ich sagte ihm gleich, ich sei viel zu beschäftigt, um mich in diesem Augenblick mit irgend etwas dieser Art zu befassen, besonders wenn ich es anschließend aufschreiben solle. (Ich habe mich tatsächlich des öfteren von potentiellen Mitteilungen abgeschnitten, wenn ich mich gestreßt fühlte. Ich hatte zwar nicht so ein gutes Gefühl dabei, sagte mir aber immer, daß sie mich früher oder später doch erreichen würden, wenn es wirklich wichtig war. Das scheint auch immer so zu sein. Manchmal erreichen sie mich im kleinsten Raum des Hauses, wenn ich es bestimmt am allerwenigsten erwarte.) In diesem Fall bat ich den Leoparden, doch ein bis zwei Tage zu warten, bis ich mein Leben wieder einigermaßen in Ordnung gebracht hätte, dann wäre ich bereit, ihnen zu helfen. Er sah enttäuscht aus und ging weg.

Am 27. Februar war mein Haus und alles andere schließlich mehr oder weniger in Ordnung. Ich fühlte mich müde, aber friedlich und bereit zuzuhören. Wie ich es oft tue, meditierte ich vor dem Schlafengehen. Nachdem ich eine Weile mit gekreuzten Beinen auf dem Boden gesessen hatte, legte ich mich auf den Teppich, um ein wenig auszuruhen. Die Meditation war für mich beendet, und ich wollte gleich ins Bett gehen.

Während ich dalag, wurde mir bewußt, daß mit mir noch zwei Tiere im Raum waren, ein Löwe und ein Leopard. Ich habe schon erklärt, daß ich mir in diesem meditativen Zustand sehr deutlich eines nicht physischen Körpers bewußt bin, mit dem ich frei mit anderen Dingen in einer nicht-physischen Dimension umgehen kann. So war es auch bei dieser Gelegenheit. Ich hatte dieses Mal die Szene nicht bewußt unter Kontrolle. Mein nicht-physischer Körper lag am gleichen Platz wie der physische am Boden, mit dem Unterschied, daß er keine Kleider anhatte. Das hätte mich normalerweise nicht gestört, wenn nicht diese zwei "wilden" Tiere dagewesen wären, vor denen ich mich sehr verletzlich fühlte. Ich erinnerte mich jedoch rasch daran, daß sie in ihrer momentanen Dimension keine Fleischmahlzeiten brauchten, und versuchte, entspannt zu bleiben. Es handelte sich wohl um eine weitere Lektion in Vertrauen. Die beiden Tiere kamen an meine liegende Form heran und stupsten mich mit der Nase an, wie um mir zu bedeuten, ich solle mich hinsetzen, um mich besser auf sie konzentrieren zu können. Also setzte ich mich hin, physischer und nicht-physischer Körper zusammen, und sah mich um. Da war wieder der Kreis der Tiere mit einem Vertreter jeder Tierart, und ich sah den Ring von weißem Licht, der sie alle verband. Der Leopard hatte sich an meine linke Seite gekuschelt, und ich spürte den Körper des Löwen an meiner Rechten. Sie fühlten sich sehr liebevoll an, und ich genoß es inzwischen, sie so nahe bei mir zu haben. Wir saßen alle zusammen in demselben Kreis. Die Giraffe, die sehr hoch herausragte, trat als Sprecherin vor. "Du sollst für uns sprechen", sagte sie. Ich wandte rasch ein, daß ich dafür noch nicht klar genug sei, noch kein wirklich guter Kanal für so etwas, auch wenn ich ihnen gerne helfen würde, wenn ich soweit wäre. Die Giraffe fuhr unbeeindruckt fort:

"Wir leben auch auf diesem Planeten. Unser Wohlergehen ist in Gefahr. Wir wünschen uns mehr Verständnis von den Menschen und eine bessere Beziehung zwischen uns." Das nächste verstand ich nicht so leicht. Sie sprach von bestimmten "Druckpunkten" an verschiedenen Orten der Erde, die sehr wichtig seien. Wir sollten auf diese Druckpunkte achten. Ich hätte gern gewußt, was sie damit meinte, aber an diesem Abend erfuhr ich nicht mehr. Schließlich sprach niemand mehr. Ich sah mich um und spürte eine wunderbare Stille im Raum, bevor wieder jeder seiner Wege ging.

Am Abend darauf, in George Pratts Gruppe, sah ich, kurz bevor wir unsere Meditation begannen, den Leoparden nicht weit von mir auf dem Boden herumrollen. Als wir die Meditation beendet hatten, erblickte ich ganz dicht bei mir den Löwen, der mich fast berührte. Gemeinsam überredeten sie mich, Georges Meditationsgruppe von ihren Botschaften zu erzählen. Es war eigentlich Georges Fragestunde, und ich wollte nur zwei kleine Fragen stellen, aber ehe ich mich versah,hatte ich die ganze Geschichte des vergangenen Abends erzählt. Als ich geendet hatte, fragte ich die Tiere, wie das denn gekommen sei. "Du warst bereit, für uns zu sprechen", sagten sie. "Das stimmt", dachte ich, aber eigentlich hatte ich nicht erwartet, es gerade jetzt zu tun. Dieser kleine Zwischenfall machte mir deutlich, daß ich es offenbar mit etwas zu tun hatte, was viel größer war als ich und worüber ich sehr wenig Kontrolle hatte. Ich hatte wohl immer die Freiheit, mich zu widersetzen, aber es schien eine Verpflichtung zu sein, die ich tief innen auf der Seelenebene gegeben haben mußte.

Nicht lange danach hatte ich eine intuitive Ahnung, daß diese Druckpunkte, von denen die Giraffe gesprochen hatte, vielleicht Öffnungen an verschiedenen Orten der Erde sein konnten, wo die Tiere versuchen, ihr kollektives Bewußtsein für uns in dieser Dimension hörbar werden zu lassen. Später auf einer Reise nach Arizona bestätigte sich diese Vermutung, aber davon erzähle ich später. Ich möchte jedoch ein wenig in der Zeit vorauseilen und von einem Workshop mit Rhea Powers und Gawain auf den Kanarischen Inseln berichten, auf Lanzarote. Wir kletterten dort eines Nachmittags einen steilen Hügel hinauf, und ich setzte mich oben in die Sonne, um die Energie der Insel auf mich wirken zu lassen. Das erste, was ich sah, waren zwei Elefanten, die mir sagten, dies sei einer der Druckpunkte, von denen die Giraffe gesprochen hatte. Es war ein Energiewirbel, ein Kraftort, wie dieses Phänomen auch genannt wird, und so wußte ich jetzt, was gemeint war. Unter Hellsichtigen ist bekannt, daß nicht alle Kraftorte gleich sind, und es scheint daher logisch, daß sich manche besser für die Kommunikation mit Tieren eignen müssen als andere.

5

Der riesige Pandabär

12. März 1989

Jedesmal, wenn ich mit einer Gruppe meditiere, geschieht etwas anderes. Auch diesmal war ich in einer Gruppe, aber wie gewöhnlich folgte ich nicht der Anleitung, sondern landete ganz woanders.

Ich sah einen wirklich kuschelig aussehenden schwarzweißen Bären auf mich zukommen. Ich wußte nicht gleich, was es war, da ich mich, wie gesagt, nie mit Wildtieren befaßt hatte, aber schließlich erkannte ich, daß es sich um einen riesigen Pandabären handeln mußte. Ich sah ihn glücklich und zufrieden in seiner dschungelartigen Umgebung leben und saß da und bewunderte seine Schönheit. Aber plötzlich war er nicht mehr lebendig. An seiner Stelle sah ich ein ausgestopftes Plüschtier, das so ähnlich aussah wie er. “Warum bist du nicht mehr wirklich?” fragte ich ihn. “Weil nichts anderes von uns übrigbleiben wird, wenn ihr euch nicht um mich kümmert”, kam die Antwort.

6

Kleines Zwischenspiel

Erster Teil
Ein paar Entdeckungen

Oft habe ich mich darüber gewundert, warum gerade ich diese Botschaften empfing. Die einzige Eigenschaft, die bei mir besser entwickelt ist als bei vielen anderen Menschen, ist meine übersinnliche Wahrnehmung. Es gibt jedoch sehr viel bessere Medien auf dem Planeten als mich, und Tausende von Naturkundlern würden sicher einen Tiger auf Anhieb erkennen, ohne dafür so viel Hilfe zu brauchen wie ich. Ich weiß auch jetzt noch nicht genug von meiner geistigen Geschichte, meiner Seelengeschichte oder meiner Herkunft, um es verstehen zu können. Eine andere Frage wurde jedoch ein wenig erhellt, und vielleicht erklärt das die Wahl meines Schicksals in diesem Leben. Sehr wahrscheinlich ist es so.

Diese andere Geschichte hat mit meiner Selbstfindung zu tun und damit, daß ich so "anders" zu sein scheine. Manchmal fühlte ich mich in meinem Leben so schlecht dafür "gewappnet", ein Mensch zu sein, daß ich mich fragte, ob ich vielleicht ein *walk-in* wäre, ein "Hereingeschneiter" oder so etwas. Was ist das denn? fragen Sie vielleicht, wenn Sie nicht schon von solchen Wesen gehört haben. Wie ich es verstehe, ist das jemand, der nicht wie alle anderen hier geboren, sondern vielleicht ein Außerirdischer oder sonst irgend etwas ist, der in gegenseitigem Einverständnis den Körper eines anderen übernommen hat, nachdem dieser ihn verlassen hat. Solch ein Wesen fühlt sich sicherlich vollkommen verloren, wenn es mit einer so merkwürdigen Umgebung wie der auf dem Planeten Erde fertigwerden soll. Immer häufiger war ich völlig frustriert darüber, daß ich offenbar nicht in einem Körper mit einem menschlichen Gehirn u.s.w. funktionieren konnte, jedenfalls nicht so, wie ich dachte, daß man es können muß. Dann war ich Rhea Powers begegnet und hatte gesehen, daß ich schon mehrere Inkarnationen auf der Erde hinter mir hatte, was diesen Gedanken auszuschließen schien, und ich vergaß die Sache.

Das Gefühl, anders zu sein, und, was noch schlimmer war, das Gefühl, daß die anderen mich als anders empfanden, quälte mich jedoch noch immer, wie damals in der Schule, als die anderen mich als verrückt bezeichneten. Ich hatte immer noch Angst, ausgelacht und nicht ernstgenommen zu werden, dieses: "Armes Ding! Sie kann nichts dafür!", das mir nur allzu vertraut war. Wenn jemand lachte und ich nicht verstand, was sie lustig fanden, war ich immer beunruhigt. Mit einer oder zwei spirituellen Freundinnen bei Rheas Lichtarbeiter-Training traute ich mich, darüber zu sprechen, aber sie sagten nur: "Denk dir nichts, du bist ganz normal". Ganz gleich, wie oft ich das hörte – ich konnte es nicht glauben, und es war deshalb kein Trost. Es war diese Sache, die mich manchmal unfreundlich zu anderen sein ließ. Ich stieß sie mit meiner Aggressivität von mir oder flüchtete selbst, bevor irgend jemand merken konnte, daß ich nicht ganz so war wie der Rest der Menschen. Am 14. März 1989 geschah während einer Meditation bei George Pratt etwas, das mich noch mißtrauischer machte. Die Übung sollte sein, unter Georges Anleitung im Geiste nach Hause zurückzukehren, wo uns ein Engel oder Führer empfangen würde. Ich wohnte fünfzig Meilen entfernt. Wir sollten einen kleinen Stein oder Kiesel in der Hand halten, und es sollte eine Meditation mit offenen Augen sein. Ich merkte schnell, daß es mir leichter fiel, wenn ich die Augen schloß und mir den Kieselstein bei Bedarf vorstellte. Der Stein (ich hatte einen mitgebracht, den jemand am Strand von Findhorn für mich aufgesammelt hatte) sollte die Erde repräsentieren, und wir sollten uns vorstellen, irgendwo draußen im All zu sein und allmählich zur Erde heimzukehren, in unser Land, unsere Gegend, die Stadt, die Straße u.s.w., bis wir schließlich in unserem kleinen Zuhause ankamen und hineingingen. In jedem Stadium dieser geführten Reise hatte ich große Schwierigkeiten damit, langsam genug vorzugehen; ich mußte ständig wieder zurück, weil ich George immer mindestens um zwei Schritte voraus war. Während wir noch draußen im Raum waren, spürte ich den starken Drang, mich von der Erde wegzubewegen, aber ich reiste folgsam zur Erde. Vor meinem Haus angekommen, lehnte ich mich eine Weile auf das Gartentor, denn ich war sicher, daß ich wieder allen anderen voraus war, wenn ich gleich hineinging. Drinnen ging ich dann geradewegs in das Zimmer, wo ich immer meditiere. Die Lichter waren aus, es war alles so, wie ich es hinterlassen hatte. Dann sah ich, wie ich in der Mitte des Zimmers sorgfältig und mit Bedacht eine Mauer baute. Ich sah mich achtsam jeden Ziegel an seinen Platz legen und mit Mörtel befestigen. An manchen Stellen war die Mauer höher als an anderen, aber das lag daran, daß sie noch nicht fertig war. Ich hatte das Gefühl, daß dieses Bild meine spirituelle Arbeit und meine Versuche der Selbstverbesserung darstellte, die alles Lernen einschließen müssen, das heißt, kein Schritt kann übersprungen oder ausgelassen werden. Wenn unten in der Mauer ein Ziegel fehlt, ist die ganze Mauer schwach.

Dann sagte George:"... und du lehnst dich eine Weile auf das Gartentor, bevor du hineingehst..." Ich verließ sofort wieder das Haus, um pünktlich hineinzugehen. "Du gehst zum Haus, wo du von jemandem freundlich empfangen wirst", sagte George. Ich ging hinein und fand einen Engel, der bereit war, diese Rolle zu übernehmen. Verblüfft merkte ich, wie ärgerlich ich darüber war, daß jemand es gewagt hatte, in meiner Abwesenheit mein Haus zu betreten. Ich dachte, nur Diebe täten so etwas! "Was machst du hier? Das ist mein Haus! Ich bin die einzige, die hier wohnt!" Gleichzeitig wußte der Rest von mir, daß Engel immer willkommen sind (außer ich tue gerade etwas, was ich nicht sollte), und der Engel, der offensichtlich alles verstand, schaute leicht belustigt drein.

George sagte: "Du klopfst an die Tür". Ich war also schon wieder zu früh und sagte zu dem Engel: "Moment, das habe ich falsch gemacht. Ich soll draußen sein und anklopfen. Ich muß nochmal rausgehen." Ich ging hinaus, und wir machten zusammen die Tür zu, so daß ich anklopfen und der Engel mich wieder hereinlassen konnte, und diesmal erinnerte er mich: "Vergiß nicht, du hast mich eingeladen, damit ich dir die Tür aufmachen und dich willkommen heißen kann." "O ja, das stimmt", sagte ich, und wir setzten uns zusammen ins Wohnzimmer und lachten herzlich. Als nächstes gingen wir die Treppe hinauf bis zu einer Stelle, wo ich drei Lichtpunkte sehen konnte, die miteinander zu einem Dreieck verbunden waren. Jeder der drei Lichtpunkte war in einem Zimmer, in dem ich Botschaften von den Tieren bekommen hatte, mein Meditationszimmer, das Zimmer mit dem Sessel, wo ich gern lese, und das obere Zimmer, wo ich alles aufschreibe.

Wir gingen wieder ins Wohnzimmer hinunter und standen einfach eine Weile still da, denn George legte gerade eine stille Phase ein. Plötzlich bestand zwischen dem Engel und mir ein Einverständnis, woanders hinzugehen. Wir hoben einfach ab und verließen das Haus durch das Dach. In Gedankengeschwindigkeit sausten wir durch das All und landeten auf einem anderen Planeten. Es war genau der Planet, zu dem ich mich hingezogen gefühlt hatte, als wir am Anfang der Meditation zur Erde kommen sollten. Ich war schon vorher auf anderen Planeten gewesen, und dieser Planet war einem der anderen nicht unähnlich. Er schien in einer anderen Dimension zu existieren als die Erde. Seine Oberfläche war aus Licht. Es war ziemlich tief, und ich tauchte hinein. Ich wunderte mich, wie leicht ich hineinsinken und mich damit verbinden konnte. Es war reine Seligkeit. Ich wollte nur immer dableiben und mich mit diesem sanften, heilenden, weißgoldenen Licht vollsaugen.

George rief uns wieder zurück. Sehr widerwillig legte ich die Hände auf die Schultern des Engels, und wir flogen in mein Wohnzimmer zurück. Dann kehrte ich nach Georges Anweisungen wieder zu meinem Ausgangspunkt, in den Raum, wo wir meditierten, zurück. Wie gewöhnlich kamen wir zu früh, daher fragte ich meinen Engel, ob wir nicht noch ein bißchen zu dem anderen Planeten zurückkehren könnten.(Ich hatte den Engel gebeten, bei mir zu bleiben, weil ich nicht allein zurückkehren wollte.) Hand in Hand und sehr schnell flogen wir auf diesen anderen Planeten zurück. Ich lag da und sonnte mich in seinem Licht, das zwar nicht fest, aber doch dichter war als die umgebende Atmosphäre. Der Rest der Meditationsgruppe auf der Erde fing an, sich ein wenig zu bewegen und zu strecken. Während ich so weit weg war, wurde mein physischer Körper außerordentlich empfindlich, und ich hatte in der Solarplexusgegend einen leichten Schmerz bekommen, deshalb hielt ich es für besser zurückzukehren. Ich schaffte es nicht, direkt in den Raum zurückzukommen, sondern fand mich immer noch in Gesellschaft des Engels in meinem Wohnzimmer wieder, fünfzig Meilen entfernt. Als wir da zusammen in dem dunklen Zimmer standen, bemerkte ich von meinem Solarplexus ausgehend eine Schnur von reinem weißem Licht, die mich mit dem anderen Planeten verband. Ich stand da, und plötzlich überwältigte mich eine tiefe Überzeugung, daß dieser Planet mein wahres Zuhause war und daß ich der Erde nur einen Besuch abstattete. Ich hatte kein Bedürfnis, die Verbindung abzubrechen.

Es war schwierig für mich, in mein Normalbewußtsein zurückzukehren. Schließlich schaffte ich es, aber ich fühlte mich noch lange danach ziemlich abwesend und war dankbar, eine Weile mit niemandem sprechen zu müssen.

Am interessantesten, wenn ich diese Meditation im Nachhinein (fast zwei Jahre später) betrachte, finde ich, daß sich in den jeweiligen Bereichen meines Hauses, wo ich die Tierbotschaften empfing, Licht aufgebaut hatte, und daß sich diese Lichter zu einem Dreieck verbunden hatten. Seit damals habe ich bemerkt, daß das Licht in dem oberen Zimmer, wo ich alles aufgeschrieben habe, beträchtlich zugenommen hat. Ich werde mir oft der Gegenwart der Tiere oder der Bäume bewußt, wenn ich an diesem Buch arbeite. Es kommt mir so vor, als ob sie ihr Licht mitbringen, und wenn sie gegangen sind, bleibt etwas davon zurück. Eines Abends, als ich kein Licht machte, weil ich nur etwas in das Zimmer hineinlegen wollte, konnte ich nicht umhin zu bemerken, wie hell der Raum war. Ganz gleich, ob Licht an war oder nicht, nahm ich das Licht aus einer anderen Dimension wahr, das den Raum erhellte. Um mich ganz klar auszudrücken: Ich benutze weiterhin das elektrische Licht zum Lesen und Schreiben, denn das andere Licht ist ja nicht von dieser Dimension.

Zweiter Teil

Eine Bestätigung und weitere Entdeckungen

Als ich tief in meinem Herzen beschloß, mich auf den geistigen Weg zu machen und zum Licht zu gehen, bewirkte das in dem Energiefeld um mich herum gewisse feine Veränderungen. Es ist vielleicht ein allmählicher Prozeß mit häufigen Rückfällen. Die Persönlichkeit und der Emotionalkörper, das habe ich gelernt, neigen dazu, immer wieder in die gleichen Verhaltensmuster zurückzufallen, die ihnen vertraut sind. Selbst da, wo die alten Muster persönlichen Schmerz bereiten, hält die Persönlichkeit/ das Ego/ der Emotionalkörper verzweifelt daran fest. Dieser Teil von mir findet Veränderung lebensbedrohlich, und das verzögert, wenn ich es zulasse, den Transformationsprozeß beträchtlich, aber es stellt auch eine große Herausforderung dar. Was mich wirklich bei der Stange hält, ist eine Kombination aus Herausforderung und dem Wissen, daß dieser Weg zum Glück führt. Er löst eine Bewußtheit in mir aus, die mir nicht länger gestattet, in Frieden auf die alte Weise zu leben. Ich weiß, daß ich nie allein bin, auch wenn ich mich manchmal nur schwer daran erinnere. Es ist, als ob Signale in das Universum ausgesandt wurden, die mir genau zum richtigen Zeitpunkt jede Gelegenheit liefern, die ich brauche. Mein logischer Verstand versteht vielleicht nicht, wie das vor sich geht, aber es ist so. In der Bibel, Römer, 8, Vers 28, steht: "Wir wissen aber, daß denen, die Gott lieben, alle Dinge zum Besten dienen, denen, die nach meinem Vorsatz berufen sind." Mir wird immer mehr bewußt, was dieses kleine Zitat tatsächlich bedeutet. Ich glaube, auf diese Weise geschah es auch, daß genau zu dem Zeitpunkt, als ich Hilfe brauchte, um zu verstehen, was die gerade beschriebene Reise zu einem anderen Planeten bedeutete, Rhea Powers meinen Namen gegenüber Linda Waldron erwähnte, bevor diese nach England kam. Daher hatte Linda mir geschrieben, daß sie kommen wollte, so daß ich am 16.März, nur zwei Tage nach meiner geheimnisvollen Meditation, eine Privatsitzung mit ihr vereinbart hatte. Rhea würde ihr sicher meinen Namen nicht gegeben haben, wenn eine Sitzung nicht gut für mich war, deshalb fuhr ich vertrauensvoll nach London.

Linda Waldron ist ein Medium, das meistens in Trance arbeitet. Sie channelt die geistigen Führer, die einem so eventuelle Fragen beantworten können. Ich hatte mir, wie verlangt, eine Reihe von Fragen aufgeschrieben. In Kürze erzählte ich von meiner offensichtlichen Verbindung zu einem anderen Planeten und fragte, was das zu bedeuten hätte. In Trance sprach sie sehr viel von diesem wunderbaren Planeten und erklärte, daß ich dort gelebt hätte, bevor ich mich dieses Mal auf der Erde inkarnierte. Es ist ein Ort des Lernens, der auch weit genug entwickelt ist, um die Schwingung derer, die dort leben, zu beschleunigen. Auch die Aura erhält zusätzliche Farben, und die Chakras, insbesondere das Herzchakra, können sich verändern. (Die Chakras gehören zum Energiesystem des Körpers, und Yogis u.a. können sie als solche sehen.) Als ich später fragte, warum mich zum Beispiel in der Schule alle so anders gefunden hätten und ob ich jemals normal werden würde, wo ich mich doch so sehr darum bemühte, sagte Linda persönlich zu mir: "Ich kann dir das wirklich gut nachfühlen. Auf mich haben auch mein ganzes Leben lang alle so reagiert." Sie sagte, sie hätte auch auf diesem anderen Planeten gelebt, und ihre Schwingung sei ebenso anders als die anderer Leute wie meine. Solche Menschen werden "Sternsamen", "Sternmensch" oder "Sternenkind" genannt. Linda meinte, es gebe hier nicht sehr viele davon, und die meisten seien wohl nur sehr widerwillig hier. Sie sagte, es sei schwierig, Eltern zu finden, die gut genug seien, um solche Kinder wirklich auf die höchste Ebene zu bringen, und manche stürben schon in ihrer Kindheit, weil ihnen alles zuviel sei. Andere neigen zu Selbstmord, aber die, die all das überstehen, müssen sich zur Verfügung stellen und helfen, so gut sie können. "Du wirst nie normal sein", sagte sie, und da die Person, die da saß, uns beide als gleich betrachtete, fand ich zum erstenmal in meinem Leben meine Andersartigkeit annehmbar. In diesem Augenblick gab ich es auf, darum zu kämpfen, wie alle anderen zu sein, damit sie mich akzeptierten. Zurückhaltung schien nach wie vor angebracht, aber endlich war ich glücklich mit dem, was ich war. Es war eine der größten Erleichterungen, die ich je erlebt habe. Linda erklärte, daß die Menschen manchmal diese Andersartigkeit unbewußt spüren und sie ihnen vielleicht unheimlich ist.

Wir sprachen auch über die Botschaften der Tiere, und sie sagte, das sei im Augenblick meine Aufgabe, und sie sähe es als ein Buch. Darüber war ich wirklich aufgeregt, denn ich hatte diese Möglichkeit noch nicht in Betracht gezogen. Später in diesem Jahr sah ich während einer Meditation ein in Grün- und Brauntöne gekleidetes Wesen mit etwas Hellblau darin, das zeigte mir einen Stapel von fünf oder sechs Ordnern, von denen jeder den Stoff zu einem Buch enthielt. Ich würde viel zu tun haben, sagte mir das Wesen. Dies war also eine weitere Bestätigung dafür, daß ich die Sachen irgendwie zu einem Buch zusammenstellen mußte.

Nachdem ich jetzt eine Erklärung dafür hatte, warum ich mich auf der Erde so fehl am Platze fühlte, obwohl ich schon viele frühere Leben hier verbracht hatte, war ich bereiter, alles zu tun, was meine Aufgabe zu sein schien. Es war jedoch kein reines Zuckerlecken, denn ich verfiel immer wieder in Zweifel, sehnte mich schrecklich nach meinem anderen Planeten und war sehr frustriert, wenn die Dinge nicht so liefen, wie ich es mir vorgestellt hatte.

Hier ist ein Beispiel einer Botschaft von den Tieren, die diesen letzten Punkt illustriert.

Vier Tiere kamen durch den Dschungel auf mich zu: ein Elefant, eine Giraffe, ein Löwe und ein Tiger. Es war März, nicht lange nach dem Besuch des großen Pandabären. Sie wiederholten ihre ständige Bitte um Schutz und Rücksicht von seiten der Menschen. Sie baten darum, daß wir aufhören, durch die Zerstörung ihres Lebensraumes ihre Existenz zu gefährden. Ich wurde ziemlich ungeduldig, und der Dialog ging so weiter:

"Das wissen wir alle", antwortete ich. "Wir wissen es schon lange. Ihr müßt mir schon etwas anderes erzählen,wenn ihr wollt, daß diese Dinge Gehör finden. Wenn ihr immer dasselbe sagt, werden die Leute es nicht lesen wollen." Die Tiere: "Wenn ihr wißt, was wir brauchen, warum helft ihr uns dann nicht mehr?" "Die Menschen sind dumm", antwortete ich verzweifelt und auch irgendwie genervt, daß ich für die ganze Menschheit antworten sollte. Nach einem Augenblick des Nachdenkens bedauerte ich meine Worte etwas und fuhr fort: "Naja, sie sind nicht ganz dumm, aber sie machen diese dummen Sachen aus Unwissenheit. Sie sind sehr kurzsichtig und denken an ihren eigenen unmittelbaren Nutzen, was auf die Dauer heißen muß, daß erst ihr von diesem Planeten verschwindet und dann wir."

Die Tiere schauten traurig drein und gingen fort. Zuerst wollte ich diese kleine Episode nicht erwähnen, schrieb sie aber kurz danach auf für den Fall, daß ich sie brauchen würde, und auch, weil ich ein intuitives Gefühl hatte, daß sie zu Papier gebracht werden sollte.

7

... und so ging es weiter

Als ich immer mehr Botschaften von den Tieren bekam, spürte ich allmählich, wie weh sie mir taten. So wunderbar das alles war – ich konnte mich nicht völlig aus dem Leid und der Not heraushalten, die sie mir so oft übermittelten. "Aber ich will nicht all diese Traurigkeit in die Welt bringen", dachte ich manchmal, "ich würde lieber etwas Fröhliches channeln. Der Welt fehlt doch Freude und nicht Traurigkeit." Erst allmählich begriff ich, daß die Trauer, der Schmerz und das Elend, die mit den Hilfeschreien der Tiere kamen, Ausdruck von etwas waren, was ja schon in der Welt war und das nur dadurch Erleichterung finden konnte, daß die Menschen bewußter wurden und sich tiefer für das Wohlergehen anderer Wesen außer ihnen selbst interessierten. Auf lange Sicht würde es zur Entwicklung der Menschheit beitragen, es würde helfen, das Bewußtsein aller anzuheben, denn die Verbindung auf der Seelenebene wurde dadurch bewußt oder unbewußt gestärkt. Diese Erkenntnis machte mich geduldiger. Und so ging es weiter:

Am 24. März kam ein Elefant ganz allein. Er bat um Hilfe wie die anderen Tiere und schien ein besonderes Anliegen für die Elefanten zu haben.

"Schau mich an", sagte er. "Siehst du nicht, wieviel Licht ich bringe? Kein anderes Tier bringt die speziellen Energien auf den Planeten, die ich mitbringe. Wenn die Handlungen der Menschen mich zwingen, den Planeten zu verlassen, können meine Energien nie mehr in dieser Form zurückkehren. Das Licht der Elefanten wird nie mehr auf der Erde leuchten. Ich bin eines der ältesten Tiere hier. Viele Zweige meiner Familie sind vor langer Zeit im Laufe der Evolution ausgestorben, aber meine Art hat überlebt. Meine schönen Elfenbeinzähne erwecken die Gier der Menschen und bedrohen mein Leben. Habe ich so viele Zeitalter sich wandelnder Erdgeschichte überlebt, nur um von der Achtlosigkeit der Menschen ausgerottet zu werden? Hört die Schreie, die in der Nacht zu euch kommen. Bittet die Menschen, etwas zu unternehmen, während wir noch am Leben sind. Wir haben den Menschen viele, viele Jahre lang gut gedient."

Lichtstrahlen blitzten aus seinen Seiten, während der Elefant sprach.

Ich kam erst zwei Tage später dazu, diese Botschaft aufzuschreiben, und befürchtete, vielleicht etwas Wichtiges zu vergessen. Bevor ich anfing zu schreiben, verband ich mich deshalb im Geiste wieder mit den Elefanten und sah nun nicht nur einen, sondern eine ganze Herde Elefanten, die ihrem Anführer zwischen den Bäumen hindurch folgte. "Wir kommen von weither", sagten sie. "Laßt uns nicht im Stich. Helft uns!"

Zwei Tage später war ich wieder unzufrieden mit dieser Art der Kommunikation mit den Tieren. Immer die Hilferufe, und ich schrieb sie bloß auf, um sie an andere weiterzugeben. Konnte ich denn nicht mehr tun? Da kam mir eine Idee. Ich hatte schon die Gewohnheit, auf gut Glück Heilmeditationen durchzuführen, in der Hoffnung, daß sie vielleicht irgend etwas Gutes bewirkten. Ich machte also eine Heilmeditation für die Welt, dann für den Regenwald und warum nicht auch eine besondere Heilmeditation für die Elefanten? Ich sandte also, nachdem ich meine psychischen Zentren geöffnet hatte, Regenbogen der Liebe von meinem Herzen zu den Herzen der Elefanten. Was ich dann sah, war verblüffend. Vor mir tanzten Elefanten. Sie schwenkten ihre Rüssel und trompeteten. Es war ein Fest. Sie hatten meine Botschaft empfangen und ließen mich in ihrer Großzügigkeit ihre Freude darüber sehen. Gleichzeitig sah ich das Licht in den Regenwäldern und auch das Licht der Elefanten stärker werden.

Wenn jeder genug Licht und Liebe ausschickte, wäre wahrscheinlich so viel Licht an denjenigen Orten, wo es benötigt wird, daß Wunder geschehen könnten. Und offenbar können wir tatsächlich etwas tun, denn sie freuen sich schon über die Hilfe eines einzigen Menschen so sehr! Schließlich machte ich dasselbe noch mit dem Rat der Tiere und sah auch in ihrem Kreise das Licht stärker werden.

Fünf Tage später kam in meiner Abendmeditation eine Tigerin auf mich zu. Diesmal hatte ich keine Angst, und als sie nahe genug herangekommen war, streckte ich meine Hand aus und streichelte ihren Rücken. "Du bist es wahrscheinlich nicht gewohnt, eine menschliche Vorderpfote auf deinem Rücken zu spüren", sagte ich halb zu mir selbst, halb zu ihr. Keine Antwort. Sie nahm einfach alles so, als ob es ganz alltäglich wäre. Ich spürte, daß ihr Fell nicht besonders glatt war. Sie war ein bißchen dünn und hätte gestriegelt werden müssen, fand ich. Ich saß auf dem Boden. In ihrer Dimension war es der Dschungelboden. Sie strich um mich herum und rieb sich an meinem Oberkörper wie eine Hauskatze. Als sie ihre kleine Runde beendet hatte, stupste sie mich leicht mit der Nase an, und ich wußte, daß ich ihr folgen sollte. Sie ging in den Dschungel hinein, ohne auch nur den Kopf nach mir umzudrehen. Offenbar wußte sie, daß ich gehorsam folgte. Sie führte mich zu einer kleinen Lichtung, und da waren ihre Jungen. Auf irgendein von mir unbemerktes Zeichen von ihr hin standen sie auf und kamen zu ihr heran. Es waren vier Junge. Wir wandten uns kurz nach rechts und kamen kurz darauf an ein Flußufer. Sie führte ihre Jungen zum Wasser hinunter, und Mutter und Kinder tranken. Sie schien mit den Vorderpfoten im Wasser zu spielen: Sie fing Fische. Sie öffnete sie für mich, damit ich sie sehen konnte. Die Fische waren schon halbtot und krank, bevor sie sie berührte, und innen waren sie verfärbt. Mir kam das Wasser recht klar vor. Es gab hier keine menschlichen Siedlungen und auch keine Industrie, aber diese Fische litten eindeutig unter dem vergifteten Wasser. Irgendwo flußaufwärts, außerhalb ihres Gebietes, wurde der Fluß verseucht, und die Tiere, die diese Fische aßen, nahmen das Gift in ihren Körper auf. Sie zeigte mir die Wurzeln der Mangobäume, die durstig ins Wasser hinunterreichten. "Die Bäume werden sterben", sagte sie, "und sieh mal, wie das Wasser auf beiden Seiten des Flusses in den Boden sickert und die Pflanzen vergiftet." Sie wanderte unstet am Ufer entlang und um die Stelle herum, wo ihre Kinder waren. War das einfach nur die ständige Wachsamkeit aller Tiere, die in der Wildnis leben? Eine einfache Art, unsichtbare Gefahr zu wittern? Nein, es war mehr. Ich sah sie den Kopf ein wenig auf die Seite legen und aufmerksam lauschen. Schließlich wurde mir klar, warum sie so besorgt war. Sie beobachtete, wie die Menschen unaufhörlich weiter in den Dschungel vordrangen, und mußte hilflos zusehen, wie der Rand des Dschungels sich immer mehr in ihr Gebiet hineinfraß. Bald würde sie keinen Platz zum Leben und kein sauberes Trinkwasser mehr haben. Die Menschen tranken das Wasser nicht mehr, wenn es vergiftet war, aber die Tiger hatten nichts anderes. "Warum müssen deine Kinder Wasser trinken? Können sie nicht statt dessen Milch trinken?" fragte ich. "Ich hatte nicht viel", sagte sie und ging fort, in den Dschungel hinein.

Seit der ersten Botschaft, die ich so empfing, habe ich mir immer Sorgen gemacht, ob ich da wirklich die Wahrheit hörte, und wenn, ob ich das, was ich sah oder fühlte, auch richtig interpretierte. Man kann sich so leicht täuschen. Selbst die Angst oder irgendein anderes starkes Gefühl kann die Botschaft verfälschen, besonders wenn man emotional beteiligt ist. Aufgrund all dessen fragte ich mich, ob es stimmen konnte, daß die Tigerin im Wasser Fische fing. Ich hatte immer gedacht, sie jagen nur an Land. Hinterher sah ich jedoch einen Tiger im Fernsehen dasselbe tun, und ich sah auch, daß die Mangobäume genauso wachsen, wie ich es gesehen hatte (ein weiterer Punkt, über den ich mir unsicher war). Was ich da gesehen hatte, war also wohl richtig und würde nicht auch die anderen Durchgaben in ein falsches Licht rücken. Es gehört wohl zu meinem Lernprozeß, Dinge zu sehen, von denen ich nichts oder wenig weiß, und hinterher herauszufinden, daß es so ist. Ich lerne dadurch vertrauen.

8

Endlich ein Pferd!

Wenn man bedenkt, wieviel ich mit Pferden zu tun habe, hätte es nicht verwundert, wenn ein Pferd meine Gespräche mit den Tieren eröffnet hätte. Ich mußte damit jedoch bis zum 8. April 1989 warten. Dennoch bin ich sicher, daß es wie immer genau der richtige Zeitpunkt war, denn kurz darauf fuhr ich nach Deutschland, um bei Linda Tellington-Jones mehr darüber zu lernen, wie man Pferde trainiert und ihnen hilft. Als sie die Botschaft las, die ich bekommen hatte, überredete sie mich dazu, sie anderen Interessierten in der Gruppe vorzulesen. Das kostete mich sehr viel Mut, aber mit dem tröstlichen Gedanken im Hinterkopf, daß zumindest Linda es akzeptierte und daß sie dicht neben mir saß, riskierte ich es – ihr zuliebe. Es machte sich auch niemand über mich lustig, und ich glaube, einige waren wirklich interessiert und wollten mehr hören, so daß ich am folgenden Tag überredet wurde, auch einige Botschaften von den Elefanten vorzulesen. Das war wirklich ein großer Schritt für mich, denn ein paar der Anwesenden hatten wohl esoterische Erfahrungen, aber die meisten nicht. Dieses Erlebnis machte mich jedoch mutiger, so daß ich später, wenn Interesse da war, leichter über diese Dinge sprechen konnte.

Die Botschaft kam folgendermaßen: Nachdem ich eine Weile meditiert hatte und gerade aufstehen und zu Bett gehen wollte, sah ich Kopf und Hals eines schönen Apfelschimmels. Seine außergewöhnliche Schönheit war gepaart mit großer Kraft und Stärke, und er hatte große, leuchtende Augen mit einem hochintelligenten Ausdruck. Ich hatte ihn schon einmal gesehen, aber damals vor ein paar Wochen lag ich schon im Bett und schlief einfach ein, als ich ihn erblickte. “Diesmal muß ich mir mehr Mühe geben”, dachte ich mir. “Wenn er es für nötig hält, ein zweites Mal zu kommen, dann muß er etwas zu sagen haben." Ich sah ihn direkt an und wartete.

"Faß mich an", sagte er. Ich streckte die Hand aus und malte sanft einen Kreis auf seine Stirn. "Ich liebe dich", antwortete er. "Warum möchtest du so gerne berührt werden?" fragte ich. "Wir brauchen es. Es macht so vieles von dem wieder gut, was ihr uns sonst antut. Wir sehen unsere Freunde, aber von unseren Boxen aus können wir sie weder berühren noch von ihnen berührt werden. Das Gefühl, von einer lebendigen menschlichen Hand achtsam berührt zu werden, ist wirklich wundervoll. Keiner der toten Gegenstände in unserer Umgebung kann uns das geben. Es bringt uns zum Leben. Durch die Berührung fangen wir erst wirklich an zu leben. Bitte berührt uns."

Ich schaute ihn wieder an und sah etwas, was wie ein Kreis von Licht über seine Ohren und unter seinem Hals hindurchlief. Der obere Teil dieses Lichtkreises verlief genau durch die Ohrenspitzen. Ich glaube, das sollte mir zeigen, wie eng das Tierreich mit den Lichtwelten zusammenarbeitet, wie sehr es darauf eingestimmt ist. Als ich weiter diesen Ring aus Licht anstarrte, verwandelte sich seine Farbe von blassem Gold in alle Farben des Regenbogens, wobei die heilenden Schattierungen von sanftem Grün, Blau und Lila vorherrschend waren.

Beim Aufschreiben dieser Geschichte spürte ich wieder die Gegenwart des Pferdes dicht an meiner rechten Schulter, wo es mich manchmal am Hals leckte oder sanft meinen Hals oder meine Schulter anstupste, so, als wollte es sagen: "Ja, los, schreib es auf. So ist es gut."

9

Ein Löwe und ein Dachs

Schlafen war auf dem Rücksitz des Autos, das von Köln durch Schnee und treibenden Schneeregen nach München fuhr, unmöglich. Es war in der Nacht des 27. April, und sehr liebe Freunde fuhren mich zu meinem Ziel, als mich ein Löwe besuchte. Er blieb nicht lange. Er stand über meinem Körper, und ich hob zur Begrüßung die Hand und streichelte seine zottige Mähne. "Was möchtest du mir sagen?" fragte ich. "Mein Lebensblut fließt den Fluß hinunter", sagte er. "Warum das? Wie ist es denn in den Fluß gekommen? Warum um alles in der Welt fließt es den Fluß hinunter?" Ich fand diese Information höchst verwirrend und fragte mich, ob ein Auto vielleicht nicht ganz der geeignete Platz war, um richtige Informationen zu channeln. "Ich sage es dir ein andermal", sagte der Löwe und ging.

Ich mußte sehr lange warten, bis ich eine Antwort bekam. Ich wußte, daß schon oft ein Löwe in meiner Nähe gewesen war. Ich hatte oft sein Gesicht gesehen, aber es wurden keine Worte gesprochen. Schließlich nahm ich am 7. Dezember 1990 meinen Mut zusammen und fragte ihn noch einmal. "Warum fließt dein Lebensblut den Fluß hinunter?"

Die Antwort kam nicht in Worten, sondern ich sah Bilder, an denen ich einiges erkannte:

Ich sah den Löwen am Flußufer. Er schleppte seine schon teilweise verschlungene Beute auf dem Boden hinter sich her. Nach der Form der Füße zu urteilen, mußte es ein Esel oder vielleicht ein Maultier gewesen sein, auf jeden Fall ein Haustier, das er aus der nahegelegenen Siedlung geholt hatte. Auf der anderen Seite des Flusses sah ich sehr deutlich einen dunkelhäutigen Eingeborenen mit einem Gewehr, der auf den Löwen schoß, so daß sein Blut den Fluß hinunterfloß. Das Tragische an der Geschichte war, daß dies zu einem Problem wurde, weil die sich immer weiter ausbreitenden menschlichen Siedlungen die Löwen zwangen, näher bei den Menschen zu leben, und da ihr normaler Vorrat an wilden Tieren abnahm, stahlen sie immer häufiger Haustiere und wurde deshalb von den Menschen in großer Zahl abgeschossen. Die Löwen bitten um mehr Lebensraum.

Der Dachs kam am 9.Mai 1989, als ich zu Hause meditierte. Ich sah ihn mitten im Wald. Er rannte einen Augenblick außer Sichtweite und kam dann mit einem großen weiß und grau gesprenkelten Ei wieder. Ich starrte ihn ungläubig an, denn ich weiß nichts davon, daß Dachse Eier stehlen, und fragte mich schon, ob es eine Einbildung wäre. Das Bild war jedoch sehr klar, so daß ich mich über das, was ich sah, nicht täuschen konnte. Gleich darauf brach er das Ei auf und aß den Inhalt. Das Eigelb, das im Eiweiß herumschwamm, sah noch frisch und gelb aus. "Er muß das Ei irgendwo gestohlen haben", dachte ich mir. Als Antwort auf meine unausgesprochene Frage sagte der Dachs: "Die Menschen sagen, wir stehlen, aber wenn wir uns keine Nahrung verschaffen, sterben wir. Wir tun es, um zu überleben. Laßt uns genug Platz zum Leben."

10

Elefanten

Tier- oder Pflanzengattungen entscheiden sich manchmal aus freien Stücken dafür, diesen Planeten zu verlassen, wenn ihre Evolution hier abgeschlossen ist; das glaubt jedenfalls eine Reihe von Menschen, die zum bewußteren Teil der Gesellschaft gehört. Man kann diese Gattungen als gefährdet bezeichnen oder auch nicht. Für mich klingt das plausibel, und ich kann mir nicht vorstellen, daß irgend etwas das Wirken des göttlichen Planes sehr lange aufhalten kann, ganz gleich, wie man sich bemüht, sie zu halten. Vielleicht gehören die Elefanten zu diesen Tieren, aber ich glaube ganz bestimmt nicht, daß ihre Zeit, den Planeten zu verlassen, schon gekommen ist. Sie haben uns noch so viel zu geben, und sie schreien danach, länger hierbleiben zu können. Ich schließe das aus ihren Botschaften, die ich hier weitergeben möchte.

Am 12. Mai während einer Meditation zu Hause sah ich einen indisch gekleideten Mann mit gekreuzten Beinen direkt vor mir sitzen. Er trug feine Gewänder in den Farben Beige, Purpur und Weiß und einen Turban. Seine dunklen Augen waren weit geöffnet und wach und strahlten, als ob er wirklich jeden Augenblick seiner Existenz genoß. Als ich ihn nach seinem Namen fragte, nannte er sich Patrick. Das war nun gewiß kein indischer Name, aber zumindest einer, den ich mir merken konnte. Dann erschien ein großer Elefant bei ihm, der offensichtlich mit den Menschen und für sie arbeitete. Ich sah andere Männer um den Elefanten herum, der aufs schönste herausgeputzt war, in Purpur und mit funkelnden Edelsteinen, die über seine Stirn herabhingen. Ich bemerkte einen einfachen Quarzkristall in Patricks Hand, dessen Energie er direkt auf mein Drittes Auge zu richten schien. Als ich später darüber nachdachte, kam ich zu dem Schluß, daß er ihn wahrscheinlich dazu benutzte, mir beim Empfang der Botschaft zu helfen. Ich hatte den Eindruck, daß die anderen Männer bei den Elefanten Wesen von der anderen Seite des Lebens (des Todes, wenn man so will) waren, die ihr Bestes taten, um die Elefanten auf diesem Planeten zu unterstützen. Patrick schien bei dieser Gelegenheit ihr Sprecher zu sein. Dann näherte ich mich dem Elefanten. Er hatte einen Stift in seinem Rüssel und schrieb damit auf ein Stück weißes Papier: "Ich bin ein Elefant". Jemand mußte ihm von meinen Schwierigkeiten, den Tiger zu erkennen, erzählt haben! Er fügte hinzu: "Warte nicht zu lange! Laß es die Leute sehen, bevor wir gehen."

Danach sah ich viele Elefanten. Sie schienen die ganze Nacht bei mir bleiben zu wollen und warteten vielleicht darauf, daß ich es am nächsten Morgen zu Papier brachte. Sie machten einen ruhelosen Eindruck, so, als wären sie besorgt, daß ich vergaß, was sie gesagt hatten, und es nicht aufschrieb. Ihre ständige Gegenwart genügte jedoch, um es mir im Gedächtnis zu halten.

Die zweite Botschaft kam sechs Tage später in George Pratts Haus, bei einem seiner Meditationsabende. Sie kam spontan nach einigen anderen Dingen, die wir gemacht hatten. Direkt vor mir erschien ein weißes, auf seinen Hinterbeinen sitzendes Kaninchen und wollte offensichtlich meine Aufmerksamkeit. Seine Ohren fielen besonders auf, deshalb nahm ich an, ich solle zuhören. Es trat zur Seite, um einem Elefanten Platz zu machen.

"Rettet uns! Helft uns! Unternehmt etwas, bevor wir weg sind und es zu spät ist! Stellt euch vor, wie es wäre, wenn ihr uns hier haben wolltet, aber keiner von uns übrig wäre. Jedesmal, wenn eine Gattung ausstirbt, wird das Gleichgewicht der Natur weiter gestört."

Ein wunderschöner Urwaldvogel in leuchtenden Farben und mit einem langen Schwanz kam in Sicht, der nahe beim Kopf des Elefanten auf einem Ast saß. Er sah ganz aufgeregt aus. "Schreibe ein Lied darüber oder so etwas!" zirpte er aufgeregt. Ich nahm an, daß es ein Paradiesvogel war, und als ich später in einem Buch nachsah, bestätigte sich das.

Der Elefant ging inzwischen einen goldenen Pfad entlang, der zu einem lichten Ort am Ende der Bäume führte. Er klagte laut um seine schönen Elfenbeinzähne, die jetzt so sehr leuchteten, daß ich sie nicht übersehen konnte.

Diese letzte Szene war wunderschön anzusehen. Die Tiere erklärten mir die Bedeutung des Bildes nicht, aber mein Gefühl war, daß das schöne, sanfte goldene Licht Gottes Licht bedeutete, das Licht, zu dem wir alle allmählich zurückkehren. Es ist sehr klar für mich, daß auch die Tiere Seelen haben und sich entwickeln. Der Tod ist für sie ebensowenig das Ende wie für uns. Später im Buch, wenn ich über mein eigenes Pferd schreibe, werde ich das ein wenig begründen.

Als ich nach diesem letzten Treffen mit den Tieren nach Hause zurückkehrte, machte ich mich gleich eifrig daran, ihrer Bitte Folge zu leisten und ein Lied für die Elefanten zu schreiben. Ich stellte nur eine Bedingung, nämlich, daß sie mir sagten, was ich schreiben solle, so daß es wirklich ihr Lied wäre und nicht irgend etwas, was ich mir ausgedacht hatte. Ich setzte mich oben mit Papier und Bleistift hin und schrieb den Titel "Lied der Elefanten" und wartete. Nichts geschah, so daß ich es nach einer Weile einfach sein ließ. Inzwischen bekam ich weitere Botschaften von den Tieren, die ich gleich erzählen werde, aber nichts von den Elefanten. Ich mußte ganze zwei Wochen warten.

Am 1. Juni zu Hause sah ich mehrere Tiere auf mich zukommen, aber die, die mir da zwischen den Bäumen am meisten auffielen, waren zwei wunderbare ausgewachsene Elefanten, ein Er und eine Sie, hatte ich den Eindruck. Ich beobachtete sie eine Zeitlang und sah dann, wie sie die Farben Purpur und Silberweiß mitbrachten. Sie wandten sich einander ein wenig zu – zuvor hatten beide mir zugewandt gestanden – und spielten mit ihren Rüsseln miteinander, was wie ein Gespräch aussah. Als sich ihre Köpfe näherkamen, sah ich einen Ring aus Licht, der um beide Köpfe herumlief und alle warmen, erdigen Farben enthielt, von leuchtend Rot, Orange, Gelb und Weiß zu Schattierungen von Grün. Dann blieben sie wieder still stehen und sprachen mit mir. Es war das "Lied der Elefanten", das sie mir sagten. Ich war so aufgeregt, aber schon nach ein paar Zeilen wurde mir klar, daß ich mir das nie alles merken konnte. Also rannte ich die Treppe hinauf, nahm zur Unterstützung eine Handvoll Kristalle mit, nahm Papier und Schreibzeug und bat sie, mir das bitte noch einmal von vorn zu diktieren. Das taten sie, und ich schrieb es Wort für Wort so auf, wie ich es gesagt bekam.

Das Lied der Elefanten

Die Weisheit, die wir bringen,
Seht die Weisheit, die wir bringen.
Schaut uns an und hört uns zu,
Wir lehren und ihr lernt.
Wir zeigen euch, was wir bringen,
Mit uns lacht ihr und singt.
Wir lehren euch, wenn ihr zuhört.
Wir haben etwas, was die Menschen verloren haben
Seit dem Pfingstfest,
Unsere einfache Weisheit, unser Wissen,
Unser Wissen und unser Wachstum.
Aber jetzt, o Trauer, geh'n wir fort!

Die Zeile mit dem Pfingstfest gefiel mir nicht, und ich wollte sie weglassen, aber irgendwie erschien es mir nicht richtig, jemand anderes Gedicht zu verändern. Außerdem weiß ich ja nicht, ob darin nicht eine tiefe Wahrheit enthalten ist. Natürlich weiß ich nie, ob ich mich nicht geirrt habe, aber ich will sagen, daß es das Beste ist, was ich tun kann.

Nun war ich so begeistert darüber, endlich dieses Lied bekommen zu haben, daß ich beschloß, es gleich Linda vorzulesen. Bei uns war es beinahe Mitternacht, bei Linda aber sieben Stunden früher, deshalb versuchte ich es. Ihre Assistentin war am Apparat und sagte mir, Linda sei in einer Besprechung der "Vertreter der Tiere". Ich nahm an, daß ich sie deshalb an diesem Abend nicht sprechen konnte, aber zu meinem Erstaunen holte die Assistentin Linda für mich aus der Besprechung. Als ich ihr das Lied vorlesen wollte, bat sie mich, einen Augenblick zu warten. Ich hörte es klicken und merkte, daß sie es auf Band aufnahm. Sie wolle es den Leuten in der Versammlung vorspielen, sagte sie. Ich erkannte wieder einmal, daß die Durchgabe genau zum richtigen Zeitpunkt gekommen war. An jedem anderen Abend hätten diese Menschen sie nicht gehört. Der vollkommene Zeitplan, wie immer, und es hatte nichts mit mir zu tun, und ich hatte keine Ahnung, was eigentlich vor sich ging. Wieder einmal sah ich, daß etwas viel Größeres als ich diese Dinge lenkt.

11

In meinem Garten

Plätze zum Meditieren können überall sein, aber gewöhnlich eignet sich ein Platz mit guter Energie am besten. Diese Energie kommt manchmal von der Gruppe, besonders wenn es eine ist, die sich regelmäßig trifft, aber der Frieden und die Stille eines Gartens kann auch eine sehr schöne Umgebung zum Meditieren abgeben, wenn die Sonne uns nicht zu sehr blendet und nicht zu viele Mücken stechen oder auf einem herumkrabbeln. Mein Garten ist ein solcher Ort.

Ich war nicht hinausgegangen, um zu meditieren, sondern saß einfach da, ließ mich von der Sonne bescheinen und schaute meine Blumen an. Einen Augenblick schloß ich die Augen , und mit geschlossenen Augen schien ich sogar noch mehr Blumen zu sehen. Ich sah auch einen wunderschönen Schmetterling herumgaukeln, als plötzlich von rechts in meinem hellsichtig empfangenen Bild ein Tiger auftauchte. Ich hatte das Gefühl, daß er in der Nähe gewesen war, und als er mich in einen empfänglichen Zustand gleiten sah, kam er, um mir Guten Tag zu sagen. Als er nahe genug gekommen war, legte er wie eine überdimensionale Hauskatze kühn seine Pfoten auf meine Schultern und leckte mir mit weit offenem Maul Gesicht und Hals. Zuerst streichelte ich mit meiner Hand sanft seinen Rücken hinunter, und dann steckte ich, nur so zum Spaß, den Arm meines feinstofflichen Körpers einfach durch ihn hindurch. Ich überlegte, daß wir uns in dieser Dimension nicht schaden konnten, selbst wenn er auf die Idee käme, seine mächtigen Kiefer um meinen Hals zu schließen. "Das gefällt mir wirklich", sagte ich zu ihm, "daß wir uns auf dieser Ebene treffen, wo keiner vom anderen irgend etwas zu befürchten hat und wir in Frieden miteinander leben können."

Der Tiger nahm seine großen Pfoten von meinen Schultern, und nachdem er sich bequem auf dem Gras neben mir niedergelassen hatte, schaute er mit einem ungläubigen Gesichtsausdruck leicht von mir weg. "Ich weiß nicht, ob ich das alles verstehe", sagte er. Ich tröstete ihn, daß er es sicher verstehen würde, wenn ein Tiger jemals in die Verlegenheit käme, es verstehen zu müssen, und sah ihn davontrotten.

Mein nächster Besucher war ein Krokodil, das in einer kleinen Entfernung im Wasser lag. "Auf Krokodile bin ich nicht besonders scharf", dachte ich, denn sie waren für mich die am wenigsten liebenswerten Tiere der Welt. Das Krokodil hatte meine Gedanken gelesen und antwortete darauf.

"Wir schlagen unsere Zähne in alles, was wir finden, um uns zu ernähren. Wir töten, um zu essen, siehst du das nicht? Ohne Nahrung sterben wir. Ihr haltet uns für hinterhältig, aber wenn wir das beim Jagen nicht wären, würden wir nichts fangen. Wir würden einfach zugrundegehen. Laßt uns auch Raum zum Leben."

12

Gemeinsam lernen

Ich glaube, viele Menschen akzeptieren den Gedanken, daß wir hier auf dem Planeten Erde sind, um zu lernen. Manche sind sich dessen bewußt, andere nicht. Manche sind eifrige Schüler, andere ärgern sich über das Ganze. Wenn sie sich allerdings zu dem Punkt zurückführen ließen, wo sie dieses spezielle Leben gewählt haben, wüßten sie, daß niemand sie dazu gezwungen hat herzukommen, daß wir tatsächlich alle freiwillig aus den verschiedensten Gründen hier sind.

Was ist nun mit den Tieren? Sind sie auch zum Lernen hier? Nach den Botschaften, die ich bekommen habe, und auch logischerweise nehme ich an, daß sie ebenfalls hier sind, um zu lernen und sich weiterzuentwickeln wie wir. Das Folgende spricht jedenfalls dafür:

Am 7. Juni 1989 saß ich im Schneidersitz auf dem Boden des Zimmers, in dem ich immer meditiere. Diesmal hatte ich meinen Kassettenrekorder angeschaltet und hörte mir die Kassette einer Freundin an, auf der es um Bewußtseinserweiterung und ähnliche Dinge ging.

Ich bemerkte, wie ein Leopard in den Raum kam. Er kam mir nicht besonders nahe, aber ich streckte trotzdem meine Hand aus und streichelte ihn zur Begrüßung, auch wenn ich weiter dem Tonband zuhören wollte und nicht ihm. Er setzte sich zuerst hin und legte sich dann mit halbgeschlossenen Augen nieder, den Kopf auf die Vorderpfoten gelegt. Er versuchte nicht, wie ich es erwartet hatte, mich von der Kassette abzulenken. Die anderen Tiere kamen wie gewöhnlich, immer ein Tier von jeder Gattung. Das weiße Kaninchen kam herein, hoppelte an mir vorbei, dann wieder zurück und ließ sich, so nahe es ging, an meiner rechten Seite nieder, die Nase auf die Vorderpfoten gelegt. Ich streichelte sein weiches weißes Fell und genoß die wundervollen Schwingungen von Frieden und Liebe, die mit der Versammlung der Tiere im Raum waren. Schließlich saßen wir alle im Halbkreis und hörten dem Band zu. Zum erstenmal bemerkte ich unter den Tieren auch einen Haushund. Vorher waren immer nur Dschungeltiere bei diesen Versammlungen zu sehen gewesen. Später bemerkte ich auch eine weiße Katze. Der Hund setzte sich nicht hin, sondern stand mit in den Kreis vorgestrecktem Kopf wachsam da, wie man es von einem Rauhaarterrier erwarten würde.

Von Anfang bis zum Ende der Kassette bewegte sich niemand. Erst als das Band zu Ende war, löste sich unsere Versammlung auf, und ich fragte mich, ob ich je so wunderbare Gesellschaft bekommen hätte, wenn ich in einem übervölkerten Haus gelebt hätte, wo es keinen ruhigen Ort gab, an den man sich zurückziehen konnte.

Als ich am Abend diese Geschichte aufschrieb, schrieb ich es genauso, wie es hier steht. Am nächsten Tag bekam ich einen weiteren Besuch von der weißen Katze. Ich saß am selben Platz und hörte mir ein anderes Band an, als die Katze mit einem Ausdruck unabhängiger Würde durch den Raum spazierte und sich zu meiner Rechten niedersetzte, wobei sie offensichtlich dem Band zuhörte. Ich fragte sie, warum sie heute wiedergekommen sei, und die Katze erklärte mir auf telepathische Weise, ohne direkte Wörter zu benutzen, daß mein Bericht der gestrigen Ereignisse, was sie betraf, nicht richtig gewesen sei. Ich überlegte, was ich geschrieben hatte, und merkte, daß es so klang, als ob die Katze gleichzeitig mit den anderen Tieren dagewesen sei. Sie war aber in Wirklichkeit später am selben Tag gekommen, als die anderen gegangen waren und ich noch ein Tonband anhörte. Am vorherigen Tag hatte mir die Katze nur einen sehr kurzen Besuch abgestattet. Sie war weder lange geblieben, noch hatte sie sich hingesetzt oder war mir nahegekommen. Sie war mehr wie Durchgangsverkehr gewesen! Offensichtlich wollte sie bemerkt werden, aber nicht als Teil der Gruppe!

13

Eine Meerjungfrau?

Im Juli 1989 saß ich spätabends in meinem Zimmer und meditierte, als ich plötzlich das ganz deutliche Bild einer Meerjungfrau vor mir sah. Das war viel aufregender als Löwen und Tiger, weil es Meerjungfrauen meiner Meinung nach ganz bestimmt nicht gibt. "In was für einem Bewußtseinszustand bin ich denn jetzt?" fragte ich mich. Vielleicht war ich emotional gestört oder zu lange allein gewesen? Ich wandte mich von ihr ab und war sehr erleichtert, als ich sie nicht mehr sehen konnte. Nach einem Augenblick mußte ich jedoch noch einmal in ihre Richtung schauen, um mich zu vergewissern, daß sie auch wirklich nicht da war. Argwöhnisch drehte ich mich nach ihr um.

"Doch, ich bin hier", sagte sie lächelnd, mit ihren goldenen Haaren, die ihr über Schultern und Rücken fielen, ihrer blassen Haut und dem blaugrünen Fischschwanz. Sie schien auf etwas zu sitzen, und auch wenn ich nicht klar erkennen konnte, was das genau war, war sie selber doch so kristallklar zu sehen, daß ich sie als real akzeptieren mußte. Dann verschwand sie.

14

Erlebnisse mit Bäumen

Ich war froh, nach der Meerjungfrau zu etwas so undiskutierbar Realem zurückzukehren wie Bäumen. Was ich von ihnen zu erzählen habe, ist vielleicht auch nicht das Allergewöhnlichste, aber bis jetzt habe ich noch niemanden getroffen, der die Existenz von Bäumen anzweifelt.

Als ich gegen Ende Juni bei meiner Mutter zu Besuch war, schlüpfte ich einmal hinaus, um einen Spaziergang im Wald zu machen. Ich blieb stehen, um mit einem Baum zu sprechen. Ich legte meine Hand auf seinen Stamm und begann: "Hallo! Wie geht's dir?" – "Ich bin glücklich", antwortete der Baum. Ich war ziemlich verblüfft, denn bis jetzt hatte ich immer nur traurige Bäume erlebt. "Warum?" fragte ich ihn. "Ich bin ein Baum im Wald, und Verständnis tut gut." Wahrscheinlich meinte er, es sei schön, unter anderen Bäumen zu wachsen und nicht wie andere Bäume und Hecken in der Stadt beschnitten und getrimmt zu werden. Ich dachte an mein eigenes Erlebnis und wie verstört und schockiert ich gewesen war, als der Mann mich ohne ein Wort der Warnung einfach umschlug. Ich sagte dem Baum, wenn ihn eines Tages dasselbe Schicksal ereilen sollte, so solle er daran denken, daß die Männer, die Bäume fällen, zu unwissend sind, um es irgendwie anders machen zu können, und er möge nicht vergessen, daß immerhin mal jemand stehengeblieben war, um mit ihm zu sprechen, und versucht hatte, ihn zu verstehen.

Mein nächstes Baumerlebnis hatte ich ein paar Tage später in meinem Garten. Ich saß in der Sonne, und als ich die Augen schloß, sah ich zunächst viele schöne Blumen, und dann kam ein ungewöhnlicher Baum. Er hatte einen geraden Stamm mit vielen Linien darauf. Der

Stamm gabelte sich in drei gleiche Teile, die in drei verschiedene Richtungen wuchsen. Ich verstand, daß das die dreidimensionale Existenz des Baumes auf dem Planeten Erde bedeutete und daß seine Absicht und auch die der Blumen war, dem Planeten Licht zu bringen. Sie manifestieren Gott.

Es ist verblüffend, welch' einfache kleinen Dinge manchmal diese Erlebnisse auslösen. Im nächsten Fall zum Beispiel saß ich im Haus und las in Michael J. Roads' Buch "Mit der Natur sprechen". Er sprach darin über die Veränderungen der Erde über die Jahrtausende hinweg. In dem Tal vor ihm waren nur wenige Bäume zu sehen, sagte er, aber vor seinem inneren Auge sah er, daß das Tal einst ganz bewaldet gewesen war. Es war wie ein Zurückgehen in der Zeit. Ich fand das sehr interessant und fragte mich, wie die Gegend, in der mein Haus stand, wohl ausgesehen haben mochte, bevor die Menschen kamen und dieses Zeichen hierher setzten. Diese innere Frage brachte spontan das Bild einer großen Kiefer hervor, die vor dem Kamin stand. Wo ich saß, war Waldboden mit verstreuten Kiefernnadeln. Weiter entfernt von der Kiefer wuchsen viele verschiedene Arten anderer Bäume in lockerer Gruppierung, so daß die Sonne zwischen ihnen durchscheinen konnte. Auf seltsame Weise, wie durch einen Zeittrick, kam es mir so vor, als ob diese Energien noch immer da und erfahrbar wären. Ich hatte schon immer gern an dieser ganz bestimmten Stelle im Zimmer gesessen, und wenn mein Sessel tatsächlich so nahe an einem wunderschönen Baum stand, dann war es ja kein Wunder, daß es mir hier gefiel.

Ein oder zwei Tage später machte ich eine Körperübung aus dem Arica -Training, die "Pendel" genannt wird. Man steht dabei auf einem Bein und macht etwas mit beiden Armen und dem anderen Bein und braucht also ein gutes Gleichgewicht. Das ist etwas, was ich noch nie hatte. Man hatte mir gezeigt, wie ich bei dieser Übung das Gleichgewicht halten konnte, aber ich fragte mich immer noch jedesmal, ob ich nicht noch etwas anderes tun könnte, um es mir leichter zu machen. Ich war im Haus und stand mit dem Gesicht zu einer festen Wand und bemerkte plötzlich vor mir einen Baum mit einem schönen geraden Stamm, der vollkommen still und reglos dastand. Mein Bewußtsein verband sich mit dem des Baumes, und schon hatte ich beinahe vollkommenes Gleichgewicht. Der Baum war nicht physisch da, sondern er war nur so erschienen wie sonst die Tiere.

Gegen Ende August schloß ich mich einer von Giselheid McKenzie organisierten Gruppe an, die zwei Wochen in Arizona verbringen wollte. In der ersten Woche wollten wir einen Workshop mit der inzwischen verstorbenen Janet McLure machen, einem Trance-Medium von der *Tibetan Foundation* in den Staaten. Ich hatte den Eindruck, daß sie in ihrer Arbeit von Vywamus geleitet wurde (der Wesenheit, die mit uns sprach, um uns zu lehren und zu helfen). Janet war nicht sehr begeistert von der sengenden Sonne und der Hitze in Arizona, aber sie führte uns gehorsam in die Sonne hinaus, und wir wanderten durch einen Teil der natürlichen Wildnis Sedonas. Bei einem Baum, der ziemlich tot aussah, hielten wir an. Es war ein alter Baum, der nur oben noch ein paar Blätter hatte, und ich hätte ihn als "absterbend" bezeichnet. Vywamus sagte uns, dies sei ein aufgestiegener Baum, und bat uns, anzuhalten und uns auf ihn einzustimmen, um mit ihm in Kommunikation zu treten. Mindestens drei von uns erlebten mehr oder weniger das gleiche. Wir erfuhren, daß der Baum lange Zeit erfolgreich gelebt hatte, bis der größte Teil seines Wesens aufgestiegen und nur ein kleiner Teil zurückgeblieben war, um seine physische Existenz weiterzuführen und den Pflanzen der Umgebung zu helfen. Wir spürten, wie etwas von der aufgestiegenen Essenz des Baumes vorübergehend zurückkehrte, um unserer Gruppe zu helfen. Während unserer stillen Meditation um den Baum herum fühlte ich mich in das Zentrum des Baumes hineingezogen, und zwar in dem Augenblick, als ich mich entschlossen hatte, mir von dem Baum helfen zu lassen. Einen Moment lang fühlte ich mich wie ein Teil des Baumes und nahm seine Äste als Lichtäste wahr, die in die Atmosphäre hinausreichten. Ein anderes Mitglied unserer Gruppe erlebte etwas Ähnliches mit den Wurzeln. Als nächstes fühlte ich mich nach oben in das weiße Licht hinaufgezogen, das ein Teil der Essenz des Baumes war. Ich spürte, daß der Baum mir half, mich mit allem weißen Licht zu verbinden.

Am Ende dieser Meditation, bevor wir die Stille brachen, um miteinander auszutauschen, was wir erlebt hatten, fühlte Janet McLure sich aufgefordert, den Baum zu channeln. Ich weiß nicht, ob Vywamus oder

der Baum sie darum baten, aber Janet drückte jedenfalls großes Erstaunen aus und meinte, so etwas hätte sie noch nie gemacht.

Ich war verblüfft. Durch Janet bat der Baum uns alle, in sein Zentrum zu kommen, so daß er uns helfen könne, ins Licht aufzusteigen. Tatsächlich geschah alles so, wie ich es ein paar Minuten zuvor erlebt hatte. Als wir hinterher darüber sprachen, hörte ich, daß mehrere von uns den Regenbogen aus Licht um den Baum herum gesehen hatten, den ich während dieses letzten Teiles, als Janet den Baum channelte, erblickt hatte. Bevor wir gingen, dankten wir dem Baum.

Dies ist nur ein weiteres von vielen Beispielen, wo meine Visionen und Erfahrungen bestätigt wurden – für mich eine Ermutigung, die ich von Zeit zu Zeit sehr nötig habe.

15

Der Rest meiner Reise nach Arizona und New Mexico

Ich glaube, das Interessanteste, was ich auf dieser ganzen Reise erlebt habe, war Folgendes:

Es war am selben Morgen der Begegnung mit dem aufgestiegenen Baum. In der intensiven Spätsommerhitze wanderten wir langsam durch die natürliche Vegetation um Sedona herum. Wir waren etwa eine Meile von der Stadt entfernt, und dieses natürliche Stück Land gehörte zu einem Privathaus, das wir für unsere Gruppentreffen mit Janet großzügigerweise zur Verfügung gestellt bekommen hatten.

Wir gingen einen Hügel hinunter, und in einer kleinen Bodensenke merkten die Vorausgehenden rasch, daß es hier kühler war und man hier gut rasten und meditieren konnte. Es schien ein leeres Flußbett zu sein, und wir hatten das Gefühl, daß es deshalb kühler war, weil unter der Erde noch Wasser floß. Als wir anhielten, bemerkte Janet, daß es hier eine Art Verbindung zu Tieren geben mußte. Gleichzeitig sah ich im Geiste drei Zebras, die in ihrer Dimension auf eine Art Wasserstelle zugingen, die unmittelbar über der Vertiefung gelegen war, wo wir zuerst die kühlere Luft bemerkt hatten. Dann sah ich andere Tiere, unter ihnen einen Elefanten und ein Rhinozeros , zusammenkommen. In unserer Gruppe waren Janet und ich nicht die einzigen Hellsichtigen, sondern in verschiedenen Graden auch noch andere. Zusammen sahen wir eine große Vielfalt verschiedener Tierarten, kleine und große. Auf der Höhe der Erde sah ich einen Energiewirbel, eine wirbelnde Masse weißer und blauer Energie. Janet hatte das zuerst gesehen, und Vywamus sagte uns durch sie, es sei ein Eingangspunkt zu dieser Dimension, den die Tiere benutzen könnten. Es gäbe natürlich auch andere Wege, aber dies sei ein leichter Eingang für sie. Kurz darauf sah Janet eine kleine Giraffe aus dem Wirbel herausspringen.

Die Tiere baten mich, für sie zu sprechen, und mit Janets Zustimmung tat ich es. Ich erklärte den anderen, daß sie alle da waren, und für jeden hellsichtigen Menschen, der sich die Mühe machte hinzuschauen, durchaus sichtbar. "Wir sind wegen eurer Gruppe hergekommen", sagten sie. "Wir versuchen auch, uns weiterzuentwickeln und Licht auf den Planeten zu bringen. Wir können euch helfen, und ihr könnt uns helfen", schlossen die Tiere.

Ich war entzückt und verblüfft zugleich. Ich war in der Hoffnung in die Staaten gefahren, daß die Arbeit mit Janet mir in meiner persönlichen Entwicklung helfen würde, und diese wunderbare Begegnung zuerst mit dem Baum und dann mit den Tieren, alles am selben Vormittag, übertraf meine kühnsten Erwartungen.

Eine seltsame Meditation

Dies war eine Meditation, die wir während der Gruppenarbeit mit Janet durchführten, und eigentlich hatte ich gar nicht die Absicht, sie aufzuschreiben. Die Erinnerung daran verfolgte mich jedoch wie ein immer wiederkehrender Traum, bis ich schließlich nachgab und versuchte, sie genau niederzuschreiben.

Wir saßen zusammen im Haus, und ich hielt einen Schneeflockenkristall in meiner Hand. Er war ziemlich groß, und obwohl ich die Augen geschlossen hatte, sah ich vor meinem inneren Auge das Bild meiner beiden Hände, die den Stein hielten. Mit dem Anschauen veränderte er sich und nahm nach und nach die Gestalt eines Elefantenkopfes an, der mich direkt ansah. Er wurde größer, und langsam kam ein Elefant aus dem Raum zwischen meinen Händen hervor und stellte sich neben mich. Ich fühlte mich hochgehoben und rittlings auf den Elefantenrücken gesetzt. In diesem Moment fragte ich mich, ob vielleicht meine Phantasie mit mir durchging, und brachte mich bewußt wieder auf den Boden. Meine Füße hatten kaum den Boden berührt, als der Elefant mich in den Rüssel nahm und wieder auf seinen Rücken setzte. Ich gab mich zufrieden und beobachtete, was nun geschehen würde. Ich schwebte mit dem Gesicht nach unten der Länge nach über dem Rücken des Elefanten. Unsere Energien vermischten sich und verschmolzen miteinander. Irgendwie waren unsere Proportionen so angepaßt worden, daß unsere Hauptenergiezentren oder Chakras vollkommen übereinzustimmen schienen. Nach einer Weile wurde ich sanft auf den Boden zurückgestellt und sah den Elefanten zwischen den Bäumen davongehen.(Es waren von seiner Ankunft an Bäume überall um uns herum gewesen.) Dann merkte ich, daß der Schneeflockenstein wieder so aussah wie gewöhnlich. Ein paar Tage später fragte ich Janet (der der Stein gehörte), was für besondere Eigenschaften dieser Stein hätte? Sie erklärte mir, er mache einen Eintrittspunkt in diese Dimension möglich, etwa so wie ein Tor. Soviel ich weiß, hatte ich ihr vor meiner Frage noch nichts davon erzählt, daß der Elefant durch den Stein gekommen war.

Janet war nur in der ersten Woche bei uns, daher hatten wir in der darauffolgenden Woche mehr Zeit, um andere Energiewirbel zu erkunden, im Fluß zu schwimmen, den Grand Canyon zu besuchen und so weiter.

Am 6. September während dieser zweiten Woche standen ein paar von uns früh am Morgen auf, um von einem Kraftort aus, der als "Flughafen-Wirbel" bekannt ist, den Sonnenaufgang über den roten Bergen von Sedona zu beobachten. Auch ein paar "normale" Touristen wanderten mit ihren Kameras umher, aber sie hielten sich in guter Entfernung von uns, so daß wir ungestört meditieren konnten.

Seit ich entdeckte, daß es so etwas wie einen geistigen Weg gibt, habe ich immer den Drang verspürt, ihn in großen Sprüngen zu nehmen und alles Überflüssige zu überspringen, um so schnell wie möglich dahin zu kommen, wohin er führt. Wann immer ich etwas wollte, fand ich nie, daß es nächste Woche oder gar nächstes Jahr oder das Jahr darauf noch früh genug wäre. Ich wollte alles heute oder am liebsten noch gestern. Angesichts dieser Tatsache hätte es mich nicht zu wundern brauchen, als eine Schildkröte zu mir kam und mir sagte:"Geh langsam und achte auf die kleinen Dinge." Kurz darauf sah ich, wie irgendein anderes

Wesen in ihrer Dimension sie unsanft aufhob, deshalb schickte ich ihr liebevoll ein paar Strahlen weißen Lichtes, woraufhin sie prompt auf die Erde zurückgesetzt wurde. Sie riß die Augen weit auf, schüttelte ein paar Tränen ab und sagte freudig überrascht: "Wenn du mir Licht schickst, hilft mir das, (geistig) aufzuwachen." Sie sagte es zweimal, damit ich es auch bestimmt aufnahm.

Kurz darauf ging die Sonne auf, und zwar erstaunlich schnell. (In Europa dauert der Sonnenaufgang viel länger.) Unsere kleine Gruppe ging zum Frühstück.

Später am Tag, als ich mit irgendeinem persönlichen Problem beschäftigt war, erschien die Schildkröte wieder und sagte: "Du brauchst nicht alles auf einmal zu lösen. Ein Schritt auf einmal genügt." Insgesamt hatte die Schildkröte nicht viel zu mir gesagt, aber wenn ich den Inhalt betrachte, sehe ich, daß es wahrlich weise Worte waren. Ich blieb sehr nachdenklich zurück und versuchte zu sehen, wie ich das in meinem Leben anwenden könnte.

Der Boynton-Canyon

Dieser Canyon ist eine Gegend mit wilden Felsen, Pflanzen und einem tiefen Tal in der Mitte, das so weit reichte, wie ich schauen konnte. Er lag nur eine kurze Autostrecke von Sedona entfernt und stand deshalb weit oben auf unserer Liste für die zweite Woche. Es gibt Fußwege durch den Canyon und ein teures, ziemlich neu aussehendes Hotel an seinem Eingang. Dieses Hotel ist berühmt für sein üppiges Frühstück, deshalb kamen wir mit ordentlichem Hunger hin und genossen ein köstliches "Brunch". Als Obst, Müsli und Joghurt liebende Vegetarierin fand ich dort alles, was mein Herz begehrte. Mit Äpfeln und Wasser für unsere Mittagsrast ausgerüstet, machten wir uns schließlich auf, den Canyon zu erforschen.

Es kam mir so vor, als ob das alles zu meinem Lernprozeß gehörte, daß ich lernen mußte, die Dinge, die ich sehe und höre, als Tatsachen zu akzeptieren und sie nicht für selbstausgedachte Phantasien zu halten. Wenn ich diese Dinge mit meinem kleinen menschlichen Hirn interpretieren wollte, anstatt meiner Intuition zu vertrauen, dann würde ich wirklich fehlgehen. Beinahe alles, was ich hier berichte, wurde jedoch auf irgendeine Weise entweder von der Gruppe oder von der Leiterin, die uns betreute, bestätigt.

Nachdem wir eine Strecke gegangen waren, ließen wir uns zur Rast auf dem Boden nieder. Mir war schon aufgefallen, wie dünn der Schleier zwischen der sichtbaren und der unsichtbaren Welt an diesem Ort zu sein schien. Nur an bestimmten Orten am Findhorn River in Schottland hatte ich etwas Ähnliches empfunden. Es war eine hohe Energie in der Atmosphäre. Die Luft fühlte sich auch sehr klar und ziemlich dünn an. Unsere Führerin sagte uns, hier sei eine Kreuzung mehrerer Kraftlinien. Als wir uns in einem Kreis niederließen, begann ich die Gegenwart der Tiere um uns herum zu spüren. Sie schienen sich nicht ganz wohl zu fühlen; ich hatte den Eindruck, daß wir in ihr Territorium eingedrungen waren. Ich schickte ihnen Liebe, und das veränderte die Atmosphäre. So konnten sie unsere Anwesenheit offenbar akzeptieren. Ich hatte bis dahin nichts gesagt, aber ein anderes Mitglied der Gruppe sagte, es spüre, wie die Tiere sich versammelten. Die größeren Tiere kamen zuerst und bildeten mit ihrer nicht-physischen Gegenwart einen Kreis um uns herum. Dann sah ich kleinere Tiere und als nächstes ein Känguruh. Auch eine große Ameise kroch aus dem Boden, um ihre Gattung zu vertreten, und über unseren Köpfen versammelte sich ein Chor von Singvögeln im Kreis. Nicht, wo man sie erwartet hätte, sondern hoch in der Luft sah ich Fische im Kreis herumschwimmen, was die Energie noch intensivierte. Gieselheid sagte, es seien Engel da, und das konnte ich bestätigen, viele Engel. Diejenigen von uns, die sich auf diese Versammlung einstimmen konnten, fühlten, daß es ein großes Zusammentreffen der verschiedenen Gattungen war, eine Zeit der Integration, wo unsere verschiedenen Energien verschmelzen und sich mischen konnten und wir alle bereichert wurden. Wir beschlossen, das zu feiern, indem wir uns im Kreis aufstellten und ein "OM" miteinander anstimmten. Als wir geendet hatten, jubilierten die Tiere. Dann schienen sie sich ein wenig zu zerstreuen, manche von ihnen wanderten zwischen den Bäumen davon und knabberten ein wenig an den Blättern u.s.w. Wir Menschen merkten, daß die Energien sanft zur Ruhe kamen, und alles wurde wieder still.

Einige von uns hatten keine Lust, in der Hitze noch länger zu gehen, während ein paar andere, darunter auch ich, nichts verpassen wollten und weitergingen. Wir gingen eine ziemliche Strecke, die aber meist unter Bäumen entlangführte, so daß es schön schattig war. Ich genoß die weichen bläulichen Grüntöne der Vegetation und die reine Luft. Schließlich erspähten wir hoch oben auf einem Hügel die Ruinen alter indianischer Bauwerke. Ich hatte gerade erst die Augen geschlossen, als ich die sanfte Berührung eines Indianers an meiner Schulter spürte. Ich war nicht erschrocken, denn ich hatte ihn kommen sehen. Er begrüßte mich freundlich und zeigte mir dann den Rest seines Stammes, der sich um uns versammelte. An einem Band um seinen Kopf war eine einzige weiße Feder befestigt. "Du warst einst eine von uns", sagte er zu mir, "wir haben da oben gelebt." Er zeigte auf die Ruinen auf dem Felsen. "Bist du traurig, daß dein Stamm nicht mehr hier lebt?" fragte ich ihn. "Nein, unsere Seelen haben jetzt Frieden", sagte er und fuhr fort: "Du gehst jetzt sicherlich wieder?", wahrscheinlich weil er meine Ruhelosigkeit spürte. "Nein, noch nicht, der Rest meines Stammes (meiner Gruppe, meinte ich) ist noch nicht so weit, und ich glaube, ich sollte bei ihnen bleiben." Die Indianer verstanden offenbar meine Gefühle, also setzten sie sich dicht unter die Bäume, die außerhalb unseres Kreises standen, und warteten.

In der Zwischenzeit erklärte ich den anderen in der Gruppe, was gerade geschehen war. Sie nahmen meine Geschichte so gut und liebevoll auf, daß die Indianer näher an uns heranrückten. "Wenn ihr offen für uns seid, können wir euch näherkommen", sagte ihr Sprecher. Ich gab es an die Gruppe weiter, und ein paar der anderen sagten, sie könnten die warme und liebevolle Gegenwart der Indianer , die nähergekommen waren, spüren. "Wenn ihr hier wieder weggeht, werdet ihr uns nicht verlieren, denn jetzt sind wir frei und können überallhin gehen." Das merkten wir; auf dem ganzen Rückweg zum Eingang des Canyons war ich mir einer indianischen Gegenwart bewußt. Der Weg, auf dem wir gingen, bestand aus einer Mischung von bröckelnder roter Erde und kleinen Kieseln, die in dieser Gegend so häufig ist. Zusammen mit gelegentlichen steilen Abhängen bedeutete das, daß man nicht nur gute Schuhe brauchte, sondern auch ziemlich vorsichtig gehen mußte, um nicht auszurutschen und zu fallen. Als ich solch einen verräterischen Abhang hinunterschlidderte, sagte eine leise indianische Stimme in meinem Ohr: "Ihr habt hier deshalb solche Schwierigkeiten mit dem Laufen, weil ihr Schuhe tragt und eure Zehen nicht abspreizen könnt, wenn ihr den Fuß auf den Boden setzt."

Bei den Wupakti-Ruinen

Wir waren im Grand Canyon gewesen, und auf dem Rückweg machten wir Halt, um uns diese indianischen Ruinen anzusehen. Wir wanderten gemächlich darin herum, bis ungefähr vier oder fünf von uns beschlossen, in einem Teil der Ruinen, von dem ich mich angezogen fühlte, zu verweilen. Wir stimmten uns auf die Gegend ein, um zu sehen, ob wir hier vielleicht etwas lernen könnten. Glücklicherweise war Gieselheid da, denn ohne ihre Bestätigung hätte ich das, was ich sah, sicherlich als zu unwahrscheinlich abgetan.

Ich sah viele Indianer, die alle in dieselbe Richtung, nach Westen, gingen, der Sonne entgegen. Das hohe Gras und viele wunderschöne Blumen, die sie liebten, reichte ihnen bis über die Knie hinauf. "Die Blumen sind alle ganz besonders", sagte einer von ihnen. "Jede dient einem anderen Zweck." Ich nahm an, daß sich das auf die medizinischen Eigenschaften jeder Pflanze bezog und auf alles, wozu sie noch zu gebrauchen waren. Dann sah ich, worauf sie wirklich zugingen. Es war ein viereckiges rosafarbenes Raumschiff, das auf ziemlich kurzen Beinen an jeder Ecke leicht auf der Erde aufsaß. Es war zwar nicht durchsichtig, aber ich hatte das Gefühl, wenn ich daneben stünde, könnte ich vielleicht meine Hand durch seine Wände strecken. Es war, als ob es aus dichtem Licht bestünde. Man könnte es vielleicht als halb-physisch beschreiben, und sein Rosa war nahezu dasselbe wie das meines rosafarbenen Turmalins.

Aus dem Raumschiff kamen ein paar silbrig-weiße Wesen heraus, auch nur halb physisch und fast durchscheinend. Jedes dieser Wesen hatte Arme, Beine, Kopf und einen Körper, aber kein richtiges Gesicht. Sie hatten kurze Antennen auf dem Kopf, und ihre Körper waren eher eckig, beinahe viereckig, nicht gerundet wie die unseren. Wir erblickten eindeutig eine Szene aus der Vergangenheit, und doch waren diese Wesen jetzt wieder da, um uns verstehen zu helfen, was hier geschah, und später unsere Fragen zu beantworten. Dieses Geschehen bewies in gewisser Weise die Nicht-Existenz linearer Zeit. Sie waren ebensosehr in unserer Gegenwart wie wir in ihrer, einer Zeit, die wir normalerweise als Vergangenheit bezeichnen würden, und unsere Gegenwart war ihre Zukunft, und doch war beides derselbe Augenblick. Die Indianer liefen vertrauensvoll und freundschaftlich auf die Raumwesen zu. Ich fragte mich, was da vor sich ging, und verstand, daß die Indianer lernten aufzusteigen. In der Zwischenzeit berichtete ich all das den anderen, aber als ich zu dem Aufsteigen kam, traute ich mich nicht, es zu sagen, und sagte deshalb: "Die Indianer lernen etwas von den Raumwesen", woraufhin Giselheid einwarf: "Ich bekomme, daß sie den Indianern gezeigt haben, wie sie aufsteigen können." Es kam mir unwahrscheinlich vor, daß wir das beide falsch verstanden hatten, besonders da Giselheid es mich nicht hatte sagen hören. Durch ihre Worte bestätigt, fand ich auch den Mut zu sagen, daß ich ebenfalls diesen Eindruck hatte. Natürlich ist es viel einfacher, solche kühnen Behauptungen von sich zu geben, wenn jemand anderer es schon gesagt hat!

Die Gruppe bat mich, sowohl den Indianern als auch den Raumwesen verschiedene Fragen zu stellen, und das tat ich.

"Warum habt ihr die Erde auf diese Weise verlassen?" "Es war alles getan. Es gab keinen Grund, noch länger hierzubleiben", antworteten die Indianer. "Woher kommen die Raumwesen?" "Wir kommen von einem Planeten der Liebe." "Werdet ihr wiederkommen?" "Ja, aber wir können nicht in eurer Zeitrechnung sagen, wann. Wenn Chaos auf der Erde herrscht, werden wir kommen und helfen."

Ich sah, wie sie uns zum Abschied zuwinkten und ihr Raumschiff allmählich von der Erde weglenkten. Wir sandten ihnen Liebe und dankten ihnen. Diese Geschichte ist wirklich genauso Gieselheids Geschichte wie meine. Ich sprach nur laut aus, was sie in der Stille empfing.

Später begann ich, Nachforschungen darüber anzustellen, was über die Geschichte des Ortes und der Menschen bekannt ist. Ich entdeckte, daß viele Esoteriker glauben, die Indianer hätten diesen Ort verlassen, indem sie aufstiegen. Andere, die nicht an solche Sachen glauben, sagten, es sei ein Geheimnis, und es sei nur bekannt, daß ein ganzer Indianerstamm zu einer Zeit, als das Land fruchtbar war und sie alles zum Leben hatten, was sie brauchten, auf geheimnisvolle Weise verschwunden sei und niemand sagen könne, wohin. Als wir dort waren, sahen wir nur unfruchtbare Wüste weit und breit, und außer ein paar zäh aussehenden kleinen Büschen wuchs dort nichts. In meiner Vision war das Land jedoch fruchtbar gewesen, mit hohem Gras und Blumen. Ich hatte sogar ein paar kleine Bäume im Hintergrund gesehen. Was war da geschehen? Ich sollte es bald herausfinden. Es hatte in der Geschichte des Landes einmal einen Vulkanausbruch gegeben, und die Lava, die das Gebiet überschwemmte, hatte ihm ein paar fruchtbare Jahre beschert.

Neu Mexiko

Die zwei Wochen in Sedona waren nur allzuschnell vorüber, und so machte ich mich schließlich auf, um den letzten Abschnitt meiner Reise in Neu Mexiko zu verbringen, wo ich Linda Tellington-Jones besuchte. Linda wohnt in einem kleinen Dorf nördlich von Santa Fé, von wo aus sie mit mir in die Berge fuhr.

Auf halbem Wege auf einem dieser Berge hielten wir an, um uns an einen schönen kleinen Bergfluß zu setzen. Ich wußte, daß wir hier waren, um zu meditieren, deshalb schloß ich die Augen, um zu sehen, ob irgend jemand auftauchte. Beinahe augenblicklich sah ich eine Meerjungfrau und neben ihr eine große Sonnenblume. Sie begrüßte mich wortlos. Sie hatte einen grünlichen Schwanz, und ein wenig später wurde mir bewußt, daß sie Gesellschaft hatte. Ihr Begleiter hatte starke Rottöne in seinem Fischschwanz, und ich fand, daß diese beiden Farbschattierungen zusammen einen ausgleichenden Effekt zu haben schienen. Ich hatte eindeutig das Gefühl, daß ich einen Er und eine Sie vor mir hatte, aber ich konnte sein Gesicht nie klar erkennen, deshalb mußte ich mich damit begnügen, es zu fühlen. Das einzige, was sie mir sagten, war: "Hier sind wir wieder." Es war, als ob sie mir zeigen wollten, daß meine erste Begegnung mit einer Meerjungfrau kein Zufall gewesen war. Ich erzählte Linda davon, die in Gedanken woanders zu sein schien, denn sie reagierte nicht darauf. Ich wußte jedoch, daß ich ihr wirklich vertraute und daß ich mich absolut sicher fühlte, mit ihr darüber zu sprechen.

Kurz darauf, noch immer mit geschlossenen Augen, sah ich eine Schnecke nahe am Ufer des Flusses.

"Wärst du nicht gern eine Schnecke?" fragte sie mich. "Stell dir vor, du müßtest keine so großen Sprünge mehr machen, die dich so viel Mut kosten. Du könntest einfach langsam und gemütlich dahinkriechen und dich völlig sicher fühlen. Du hättest ein leichtes Häuschen auf deinem Rücken, in das du dich beim kleinsten Anzeichen von Gefahr zurückziehen könntest. Na? Wäre das nicht schön?" Mir kam es fast so vor, als ob die Schnecke da anknüpfte, wo die Schildkröte ein paar Tage vorher aufgehört hatte. Zumindest gab sie mir zu denken. Ich erzählte Linda diese Geschichte, und sie antwortete: "Willst du damit sagen, daß du das alles eben jetzt gesehen hast?", als ob sie gedacht hätte, daß ich ihr bis dahin frühere Erfahrungen erzählt hatte. Ich bejahte und schaute auf ihre Anfrage hin nach, ob noch jemand anderer da war. Natürlich, wie konnte es anders sein, standen auf der anderen Seite des Flusses zwei große Elefanten. Sie waren nur gekommen, um mit Linda zu sprechen. Ich habe nicht aufgeschrieben, was sie sagten, denn es kam mir wie eine private Botschaft an Linda vor. Ich erinnere mich jedoch, wie Linda sich freute, als ich ihr erzählte, wie die Elefanten fröhlich trompeteten, wenn ihnen etwas gefalle. Nach den Elefanten kam der Herr Maitreya, einer der aufgestiegenen Meister; er kam nicht zu mir, sondern um Linda liebevolle und ermutigende Worte zu sagen, und als ich an den Händen seines Begleiters die Wundmale sah, dachte ich, es müsse Jesus sein. Ich sagte jedoch nichts davon, weil ich mir nicht sicher war, ob ich mich nicht täuschte. Linda bemerkte hinterher, daß, wenn andere Medien ihr den Herrn Maitreya gechannelt hatten, immer auch Jesus an seiner Seite gewesen sei. Das war die Bestätigung, die ich brauchte, um ihr zu sagen, daß er auch diesmal eine Zeitlang dagewesen war. Ich erfuhr, daß dieser Berg dafür bekannt war, daß hier solche Dinge geschahen. Linda hatte mich aus diesem Grunde mit hierhergenommen.

Der 13. September war mein letzter Tag in den Staaten. Linda hatte nach ihrem Rückflug von Europa noch Schwierigkeiten mit der Zeitumstellung und war, nachdem sie mehrere Wochen fortgewesen war, sehr mit Arbeit überlastet, deshalb ging ich alleine in den Hügeln der Umgebung spazieren. Linda hatte mir sorgfältig eine kleine Karte gezeichnet, damit ich in der richtigen Richtung losging, aber als ich die Grenze meiner kleinen Karte erreichte, mußte ich mich selber orientieren, um mich nicht zu verlaufen. Darin bin ich nie sehr gut gewesen, und oftmals mußte mein jeweiliges Pferd mich Meilen weiter tragen, als ich es vorgehabt hatte, bevor ich wieder meinen Weg gefunden hatte. Dieses Mal würden es meine eigenen Beine auszubaden haben, wenn ich mich wieder verlief.

Es war sehr heiß, deshalb setzte ich mich, nachdem ich eine Weile gegangen war, auf einen Felsen bei einem leeren Flußbett. "Warum fühle ich mich wie ein kleiner Junge?" fragte ich mich. Ich fühlte mich kleiner, als ich wirklich war, und entschieden jungenhaft. Ich schaute mit meinem inneren Auge nach rechts und fand die Antwort: Neben mir saß ein kleiner Junge, und ich hatte seine Energie gespürt, bevor ich ihn sah. Sein Name sei Owen, sagte er. "Warum bist du hier?" fragte ich. "Ich bin gekommen, damit du dich nicht verläufst", sagte er mit einem ausgeprägten amerikanischen Akzent, der mich genugsam überzeugte, daß er die Gegend wahrscheinlich gut kannte. Seine Führung erwies sich als sehr hilfreich. Auf dem Rückweg rief ich jedesmal, wenn ich mir nicht sicher war, nach ihm, und dann schien mein Kopf sich automatisch in die Richtung zu drehen, in die ich gehen mußte, um zu Lindas Haus zurückzukommen. Das war jedoch später. Bevor ich mich auf den Rückweg machte, beschloß ich, nachdem ich mich auf dem Felsen eine Weile ausgeruht hatte, weiter hinaufzuklettern, und ich kletterte immer höher, bis ich einen Felsen erreicht hatte, von dem ich mich besonders angezogen fühlte. Ich setzte mich dorthin, schloß die Augen und begann, mich innerlich umzusehen. Auf den ersten Blick sah ich etwas, was ich schon vermutet hatte, nämlich, daß in dieser Gegend früher sehr viel mehr Indianer gelebt hatten. Dann verschwand das Bild der Indianer, und einen Moment lang dachte ich, ich säße wieder einfach allein da auf meinem Felsen. Dann sah ich einen einzelnen Indianer vor mir. Er sah mich eingehend an und zeigte mir gekreuzte Pfeile. Ich hatte vor kurzem gelernt, daß das unter Indianern Freundschaft bedeutet, deshalb begrüßte ich ihn. Er brachte eine liebevolle und warme Schwingung mit sich. Für mich fühlte er sich wie ein wirklich weit entwickeltes und spirituelles Wesen an. Wenn das so war, warum streifte er dann noch immer durch die Hügel wie irgendein kürzlich verstorbener verlorener Geist? Warum war er nicht aus dieser Wirklichkeit in Reiche des Lichts aufgestiegen, um dort seine Evolution fortzusetzen? Das kam mir so seltsam vor, daß ich ihn danach fragte.

"Wir sind weitergegangen", antwortete er nicht nur für sich, sondern auch für andere seiner Art. "Was du hier siehst, sind unsere sogenannten Arbeitskleider (damit meinte er seine indianische Aufmachung). Wir tragen sie, damit ihr einen Anhaltspunkt habt. Wir kommen her, um der Menschheit zu helfen, sich wieder mit der übrigen Schöpfung hier auf der Erde zu verbinden, den Tieren, den Pflanzen, den Steinen und so weiter. Der Indianer in euch wird wieder erwachen." Er legte seine Hände mit gekreuzten Fingern zusammen, um diese Integration, dieses Zusammenkommen der Menschheit mit allem anderen, anschaulich zu machen. Ich wollte noch länger mit ihm sprechen, aber er hatte seine Botschaft überbracht und gab mir mit seiner Hand ein Zeichen, daß unser Gespräch beendet sei, und ging entschlossen davon. "Bleib wenigstens lange genug da, um richtig auf Wiedersehen zu sagen", bat ich ihn inständig, während ich mich fragte, was für eine Art von indianischem Gruß wohl für diese Gelegenheit passend wäre. Bereitwillig drehte er sich einen Augenblick lang zu mir um und warf mir mit einem Augenzwinkern auf ganz westliche Art einen Kuß über die Schulter zu. Ich tat es ihm nach, und dann war er verschwunden.

Dieser Mann hatte mir wirklich eine Botschaft gebracht. Auf einmal verstand ich, warum die Tiere und all die anderen Wesen, Bäume und so weiter mit mir sprechen wollten. Es gehörte alles zu diesem Prozeß des Zusammenkommens der verschiedenen Reiche. Ich wußte, daß die Menschheit, so weitgehend getrennt wie sie war, nicht weitermachen konnte. Dies war keine Kommunikation mit den Tieren gewesen, aber sie hatte mir die Bedeutung all der Durchgaben von verschiedenen Aspekten des Bewußtseins erklärt. Es war ein wunderbarer Ausklang meiner Reise nach Arizona und Neu Mexiko.

16
Afrika oder nicht?

Während ich in Neu Mexiko mit Linda an dem Bergfluß saß, machte sie ein paar Bemerkungen darüber, was wir später in diesem Jahr in Afrika machen würden. Ich wußte, daß sie mit einer Gruppe von Leuten eine wundervolle Reise nach Kenya plante. Es ging am 28.Oktober los, aber ich hatte mich entschieden, nicht mitzufahren. Erstens wollte ich etwas anderes machen, zweitens kostete es eine Menge Geld, und drittens wächst Geld nicht auf Bäumen. Daher sagte ich Linda, ich würde nicht kommen, ich hätte es nie vorgehabt, auch wenn ich mich einmal danach erkundigt hatte. Ich würde zu dieser Zeit woanders erwartet.

"Aber die Tiere sagen, du kommst ganz bestimmt. Sie wußten es schon immer!" rief sie, sich auf ihre eigenen medialen Fähigkeiten berufend. Ich fühlte mich schrecklich hin- und hergerissen. Zwei Freunde von mir leiteten zu dieser Zeit Gruppen, die mir sicherlich guttun würden. Außerdem hatte ich mich ja schon entschieden – gegen die Afrikareise. Ich fürchtete mich sowieso vor der unbekannten Insektenbevölkerung, der man dort vielleicht begegnete, und hatte Angst, irgendeine schreckliche afrikanische Krankheit aufzuschnappen und mich womöglich die ganze Zeit elend zu fühlen. Meine anderen Pläne fühlten sich sicherer an, und ich dachte auch, daß sie meiner geistigen Entwicklung dienlicher wären. Linda schien meine Vorbehalte zumindest teilweise zu verstehen, aber als wir uns zwei Tage später auf der Treppe verabschiedeten, bat sie mich, doch die Tiere zu fragen.

Ich hasse es, Entscheidungen zu treffen, und dies war keine Ausnahme. Das Ganze erschien mir so schwierig, daß ich es einfach wegschob und versuchte, mich auf mein normales tägliches Leben in England zu konzentrieren. Dummerweise war da dieses ständig nagende

Gefühl, das mich nicht in Ruhe ließ, daß ich mich der Sache irgendwie stellen und entscheiden mußte, ob ich alles beim alten belassen oder doch nach Afrika fahren wollte. Der innere emotionale Konflikt war das schlimmste. Es war, als ob er sich in meinen Solarplexus hineinfraß. Ich mußte das lösen und am besten bald, bevor es zu spät war, noch etwas zu ändern. "Frag die Tiere", hatte Linda gesagt, aber das wollte ich nicht, weil sie bestimmt voreingenommen waren. Ich mied tatsächlich jeden Kontakt mit ihnen, weil ich mich unbeeinflußt von solch parteiischen Beratern entscheiden wollte.

Schließlich, eines Nachmittags , als ich gerade dabei war, mein Haus zu putzen, dachte ich bei mir: "Ich würde alles dafür geben, wenn mir jemand diese Entscheidung abnehmen würde. Mir reicht's!" – "Das machen wir!" ertönte es laut und deutlich aus der Atmosphäre. Alle Tiere schrien auf einmal. "Wer hat euch denn hereingelassen? Ihr habt hier gerade gar nichts zu suchen!" sagte ich ihnen. "Wie seid ihr hereingekommen?" Das Gespräch war damit beendet, aber ich sah ein, daß ich die Tiere nicht länger fernhalten konnte, und beschloß, diesen Abend darüber zu meditieren und meine Engel oder geistigen Führer um Rat zu bitten. Ich wollte den bestmöglichen geistigen Weg finden und ihm folgen. Ich setzte mich hin und bat darum.

Als ich mein inneres Auge öffnete, sah ich mein geplantes Programm vor mir, das Afrika unmöglich machte, wenn ich daran festhielt. Das Bild war ein wenig nach links gerückt , und ich bemerkte einen starke Sog in diese Richtung. Es war leichter, ihm zu folgen als ihm zu widerstehen. Dann sah ich auf der rechten Seite einen zweiten Weg, der viel weiter zu führen schien. Er war auch heller erleuchtet – offenbar war das mein Weg! Es sah aber nicht so einfach aus, denn ein riesiger Felsblock lag vor diesem Weg. Während ich noch schaute, kam ein Engel und räumte den Felsblock zur Seite. "Geh nach Afrika! Geh nach Afrika!" kam laut, klar und stark der Befehl von irgendwo hinter meinem linken Ohr. "Heißt das, daß ich nicht krank werde oder mir sonstige körperlichen Schäden zuziehen werde?" fragte ich. "Es heißt, daß für alle deine spirituellen Bedürfnisse gesorgt sein wird", kam die Antwort. Ich dachte darüber nach und sah ein, daß es nur darauf ankam. Also traf ich die notwendigen Vorbereitungen und fuhr nach Afrika.

Zwischen dieser Entscheidung und der Abfahrt war ich ziemlich beschäftigt, hatte also weniger Zeit zum Meditieren, und die Tiere hatten weniger Gelegenheit, mich zu erreichen. Noch zu Hause, am 2. Oktober, sah ich jedoch zwei Giraffen auf mich zukommen. "Laß sie zu dir!" rief mir eine Stimme aus dem Nichts zu, gerade als ich dachte, ich hätte keine Zeit für sie. "Ja, wir haben dir etwas zu sagen", antwortete die eine Giraffe auf meine Gedanken. Sie hatte eine erstaunlich tiefe Stimme. "Wir haben sehr lange und schöne Hälse. Wenn du einmal wissen willst, wie du deinen Hals richtig benutzen kannst, dann rufe unsere Energie, und wir werden dir helfen. Beachte auch, wie wir mit unseren Jungen umgehen. Wir neigen uns zu ihnen hinunter und berühren ihren Körper an vielen verschiedenen Stellen. Das trägt nicht nur dazu bei, sie an uns zu binden, sondern es ist wie eine frühe Lektion in Körperbewußtheit."

Ich dankte ihnen und sagte ihnen, wie schön sie seien, und das Gespräch war damit beendet.

17

Die Bäume und das kleine Volk

In diesem Kapitel möchte ich zwei kleine Begebenheiten erzählen, die zwischen meiner Amerikareise und Afrika geschahen. Das erste ist eine Baumgeschichte.

Am 24. September 1989 war ich mitten in einer Art Meditation, die ich zum erstenmal ausprobierte, als ich mich plötzlich mit der Energie eines Baumes verband und in eine ganz andere Richtung geriet, als ich es ursprünglich vorgehabt hatte. In meinem Wohnzimmer gibt es in der physischen Dimension ja keine Bäume, aber die aus anderen Dimensionen können ja frei kommen und gehen. Vielleicht sind immer ein oder zwei von ihnen da, und ich nehme sie nur nicht wahr. Der Baum fing an, mir etwas zu zeigen und mit mir zu sprechen. Ich nahm seinen Lichtkörper äußerst stark wahr. Er zeigte mir, daß Bäume Kanäle sind. Ihre Wurzeln reichen tief in die Erde hinunter, breiten sich aus und machen den oberirdischen Baum standfest und erlauben ihm, von Mutter Erde genährt zu werden. Mit wurde bedeutet, daß auch ein guter menschlicher Kanal so sein sollte – wirklich gut geerdet, also mit der Erde verbunden. Dann waren da die Äste, dargestellt als Lichtlinien, die in den Himmel hinaufreichten und das Licht von oben in das Wesen des Baumes, in seinen Kanal hineinzogen, genauso, wie Licht durch die Chakren des Menschen in den menschlichen Kanal heruntergezogen werden kann, und nicht nur Licht, sondern auch Weisheit und alles andere, was wir empfangen wollen. Die Äste am mittleren Teil des Baumes schließlich streckten sich horizontal in alle Richtungen und kanalisierten das Licht, die Energie und andere Qualitäten in die physische Dimension hinaus, wo sie zum Teil die anderen Bäume erreichten. Auf diese Weise diente der Baum der irdischen Ebene, indem er als Verbindung zwischen den beiden Dimensionen fungierte, mit all dem Licht, das sein Wesen von der Spitze seines höchsten Zweiges bis zum Ende seiner tiefsten Wurzel durchdrang. Ich sah, daß der Baum dieser Funktion vollkommen angepaßt war und daß wir auf ähnliche Weise wirken könnten und sollten. Dieser Baum war eine Eiche und kanalisierte die Eigenschaften, die am besten zu ihm paßten. Andere Bäume und Planzen wirken auf ähnliche Weise, sagte mir der Baum, jeder ein wenig anders und seiner Art entsprechend. Ich sah, wie wichtig es ist, das, was man empfängt, nach außen weiterzugeben, weil der Kanal sonst teilweise verstopft werden kann und fast nicht mehr richtig funktioniert, wohingegen er rein bleibt und gut funktioniert, wenn man alles einfach durchfließen läßt. Das scheint sich sowohl auf Informationen als auch auf Licht zu beziehen. Wenn niemand da ist, an den man Informationen gleich weitergeben könnte, dann habe ich gemerkt, daß ich sie auch hinauslasse, wenn ich sie einfach aufschreibe, so daß sie außerhalb von mir gespeichert sind, anstatt mich innerlich zu befrachten. Ich zumindest versuche sonst immer, sie mir zu merken.

Ich sah bei dem Baum auch, daß sein Kanal oben sehr, sehr weit offen war und auf diese Weise sehr durchlässig, so daß das Bewußtsein des Baumes nach Bedarf oder Wunsch ein- und ausgehen konnte. Auch das Licht konnte leicht durch diesen weiten Kanal strömen.

Die zweite Geschichte spielte sich in Deutschland ab. Ich war nur für ein Wochenende hingefahren, um ein paar Kilometer nördlich von Hamburg an einem Feldenkrais-Workshop teilzunehmen. Solche Workshops gab es sicherlich auch in England, aber zu der Zeit hatte ich nirgends von einem gehört, und ich war so neugierig darauf, besonders weil ich wußte, daß Linda T.-J. viel damit gearbeitet hatte. Aufgrund der Flugzeiten kam ich lange vor allen anderen am Tage zuvor am Seminarort an. Es war der 10. November, ein ziemlich regnerischer und kalter Nachmittag, aber es war noch hell, daher entschloß ich mich zu einem Spaziergang. Es gab reichlich kleine Feldwege, die von der Hauptstraße abzweigten und zwischen Feldern und kleinen Wäldchen verliefen. Auf dem Rückweg zu dem Ort, wo der Kurs stattfinden sollte, zog es mich auf einen kleinen Weg, der zu Bäumen führte. Ich stellte mich unter eine große Kiefer, dankbar, mich für eine Weile von Wind und Regen zu erholen. Die Kiefer wuchs am Rande einer kleinen grasbewachsenen, friedlichen und wunderschön geschützten Lichtung. Ich schloß die Augen und wurde still.

Es wimmelte von Naturgeistern. Sie scharten sich überall um mich herum. Sie waren nicht alle gleich, aber ich nahm an, daß sie alle irgendwie mit der Natur verbunden waren. Manche waren für die Bäume, andere für das Gras. Andere sahen mehr so aus, wie man sich Gnome vorstellt. Auf irgendeine seltsame Weise schienen sie in einer anderen Zeitordnung zu existieren. Eines der zwergähnlichen Wesen sagte mir, daß sich in ihrem Leben während der letzten zweihundertfünfzig Jahre oder so nicht viel geändert hätte, wohingegen ich doch wußte, daß die Menschheit in dieser Zeit sehr gewachsen war und sich sehr verändert hatte. Der Unterschied im Tempo der Ereignisse und der Veränderungen schien diese unterschiedliche Zeitwahrnehmung zu bewirken. Vor zweihundertfünfzig Jahren war für sie wie gestern.

"Die Menschen entfernen sich immer mehr von uns", sagte der Gnom und fuhr fort, "die meisten von ihnen sehen uns jetzt einfach überhaupt nicht. Sie haben sich mit ihrem Lebenstempo und ihrem geschäftigen Denken, und auch mit dieser arroganten Vorstellung, daß sie uns nicht brauchen und daß es uns nicht einmal gibt, von uns abgeschnitten. Aber das ist traurig, denn wenn wir oft in Kontakt miteinander wären, könnte die Menschheit uns und unser Wirken besser verstehen, und es könnte ein glücklicheres Miteinander daraus erwachsen. Früher waren wir den Menschen näher, aber jetzt haben uns die meisten von ihnen vergessen, und wir leben lieber nicht in ihrer Nähe. Eine Verbindung zwischen uns würde jedoch auch unsere Evolution fördern, denn wir kämen in Kontakt mit den höheren Emotionen des Menschen. Die Kinder kommen manchmal hierher und spielen unter den Bäumen. Das genießen wir, und wir schauen ihnen zu. Manchmal können sie fast spüren, daß wir da sind. Wenn sie sich nur noch ein wenig mehr öffnen könnten!"

Ich dankte dem kleinen Volk für diese Botschaft und den Bäumen für ihre schöne, belebende Energie, während ich Licht hereinzog und es zu ihnen aussandte. Ich fühlte mich erhoben, als ich den Ort verließ, trotz der traurigeren Aspekte der Botschaft der Naturgeister, denn die Energien der Natur hatten mich erfrischt.

18

Afrika

Am Lagerfeuer

Lindas Afrikareise begann mit einer Nacht in Nairobi. Dann lebten wir zwölf Tage "auf Safari" in Zelten und ritten über die Loita-Hügel, bis wir in einem Lager am Fluß Mara landeten. Dann waren wir zwei Tage in Mombasa, von wo aus wir am zweiten Tag eine Schnorchel-Expedition starteten, und danach kehrten wir nach Nairobi zurück und flogen wieder nach Hause.

Was mir an den Lagern, wo wir unsere Safarinächte verbrachten, so gut gefiel, das waren die Lagerfeuer, die immer, gleich zu welcher Tages- oder Nachtzeit, brannten. Sie begrüßten uns um halb sieben Uhr morgens, wenn wir aus unseren Zelten krochen, um eine Tasse Tee oder Kaffee zu trinken, und wenn wir am Nachmittag oder Abend ins nächste Lager geritten kamen, erwartete uns wieder ein Feuer. Ich liebte den Geruch, und das Brot, das das afrikanische Personal für uns buk, roch auch nach dem Feuer. Es war köstlich. Tagsüber war es für gewöhnlich sehr heiß, aber am Abend sank die Temperatur, und dann war es schön, an einem warmen Feuer zu sitzen. Die Abende waren auch dunkel. Es bleibt nur etwa zwölf Stunden lang hell, was bedeutete, daß wir ab sieben Uhr abends Öllampen benutzten.Meist saßen wir nach dem Abendessen um das Lagerfeuer und erzählten Geschichten. Als wir unserem Führer Fragen über das Leben in Afrika stellten, entpuppte er sich als sehr begabter Geschichtenerzähler.

Wenn die meisten Leute sich müde in die Betten rollten, gab Linda leise kund, daß alle, die Interesse hätten, sich zu einer Meditation um das Lagerfeuer einfinden könnten. Ich hatte Interesse. Unsere Reisegruppe bestand aus sechzehn Leuten, aber jetzt waren nur noch wenige um das Feuer versammelt. Ich habe damals nichts aufgeschrieben, weil ich nicht glaubte, daß ich irgend etwas für das Buch brauchen würde, aber ich sehe jetzt, daß einiges, was dort geschah, recht aufschlußreich war.

Es war wohl nicht erstaunlich, daß die Tiere zu uns kamen. Ich kann mich besonders an drei Zebras erinnern, die in der Mitte unseres Kreises auftauchten und dann zu Linda hingingen. Sie umkreisten sie, und ich sah eines von ihnen zärtlich seine Nase an ihrem Hals reiben. Wie so oft fragte ich mich, ob diese Dinge wirklich real waren oder ob sie bloß meiner lebhaften Phantasie entsprangen. Es war schließlich naheliegend, wenn jemand so viel für die Tiere tat wie Linda, daß sie dann zu ihr kommen wollten. Ich brauchte mich nicht sehr lange zu fragen, denn Linda sagte plötzlich:"O ja! Ich kann sie spüren!" (die Zebras). Das war mir eine große Hilfe, denn es schien alles zu bestätigen, was ich machte.

Ich sah auch den Herrn Maitreya in einiger Entfernung hinter Linda stehen, sagte aber nichts davon, weil ich befürchtete, mich zu täuschen. Er schien da zu sein, um Linda in ihrer Arbeit zu ermutigen, genauso wie die Tiere ihr gedankt hatten.

Das nächste, was geschah, war wirklich schwierig für mich, und ich gab es nur sehr zögernd an die Gruppe weiter. "Hier ist jemand, der mit euch sprechen will", begann ich zögernd. Ich wußte sehr wohl, wer es war, aber ich scheute mich, seinen Namen zu nennen. Ich wußte nicht, was diese Gruppe von Leuten, die ich gerade erst kennengelernt hatte, dazu sagen würde. Überhaupt, wer war ich denn, Durchgaben von Jesus zu empfangen? Sie würden mich sicherlich für einen Ketzer halten oder für eine böse Hexe, die vorgab, etwas zu sein, was sie nicht war. Ich versuchte, mich aus der Affäre zu ziehen, indem ich einfach seine Philosophie als anonyme Botschaft von irgend jemandem channelte, aber das sollte nicht sein. Ich fühlte mich so gedrängt, seinen Namen zu nennen, daß ich es schließlich tat. Ein Wesen wie Jesus würde es kaum nötig haben, erkannt zu werden, daher war das wohl entweder eine Prüfung für mich, oder die Gruppe mußte es wissen, um verstehen zu können, woher dies alles kam. Es ist zwölf Monate her, aber ich weiß noch, daß er seine Arbeit beschrieb, ein wenig sagte, was er jetzt macht, und, was am wichtigsten war, daß seine Energie für jeden Menschen erreichbar ist, daß er für jedes Bedürfnis zur Verfügung steht. Sein weitentwickeltes Wesen ist etwas viel Größeres, als die meisten von uns es sich vorstellen können, und er kann an vielen Orten gleichzeitig helfen, so daß niemand zu befürchten braucht, ihn jemand anderem wegzunehmen, der ihn nötiger hat. Es funktioniert nicht so.

Als ich geendet hatte, sagte Linda der Gruppe ein paar Worte darüber, was ich machte, und das war mir sehr angenehm, denn so fühlte ich mich wohler bei der ganzen Sache. Niemand stellte meine Glaubwürdigkeit in Frage, und dafür war ich wirklich dankbar. Als ich an diesem Abend im Bett lag, wurde mir bewußt, daß ich etwas viel Mächtigeres gechannelt hatte als normalerweise, denn all die verschiedenen Wirklichkeiten, die ich wahrnahm, schwangen in mir hin und her. Ich war froh, daß ich nur dazuliegen und einzuschlafen brauchte.

Der Geist von Afrika

Es war Vormittag, und die Sonne brannte heiß vom Himmel herunter. Wir ritten über die offene Weite der afrikanischen Ebene. Es sah so aus, als hätte es hier seit Ewigkeiten nicht geregnet. Das Gras unter den Pferdehufen war verbrannt und trocken. Bei so viel Weite hatten wir uns natürlich weit verstreut, und obwohl wir alle in dieselbe Richtung ritten, war es möglich, mit seinen Gedanken allein zu sein. Unser Ritt war zwar von kurzen Galoppphasen durchsetzt, aber die meiste Zeit ritten wir friedlich und gemächlich dahin, so daß ich meinem Pferd wenig Aufmerksamkeit widmen mußte, dessen Hauptabsicht zu sein schien, ordnungsgemäß seine Arbeit zu tun. Ich dachte über das Leben und unsere Reise nach, und über lange Strecken war mein Kopf einfach ganz leer. Ich finde, in der Hitze denkt man weniger. Vor den schlimmsten der mächtigen Sonnenstrahlen durch Reithosen, lange Lederstiefel, ein langärmeliges Hemd, Hut und Handschuhe geschützt, fing ich an, mich auf die Energien meiner Umgebung einzustimmen.

Am Himmel bemerkte ich die Gegenwart eines Wesens. Was ich sah, ähnelte vage einem Gesicht, und der Rest des Wesens, was auch immer es war, befand sich um das Gesicht herum. Es war weiß und hellblau vermischt und fügte sich gut in den Himmel ein, obwohl es nicht in einer physischen Dimension existierte.

Ich stellte sehr direkt die Frage: "Wer bist du?" An dieser Stelle wurde es schwierig für mich, denn ich verwechselte die Stimme des Wesens am Himmel mit der eines nicht verkörperten menschlichen Wesens, das mich zufällig auch gerade erreichen wollte. Als ich die Antwort hörte: "Du kannst mich Edward nennen", dachte ich, es sei das Ding am Himmel, das geantwortet hatte, und anstatt dem Mann zu antworten, der gesprochen hatte, sagte ich zu dem Ding am Himmel, es fühle sich für mich nicht gut an, es Edward zu nennen. Irgendwie paßte es einfach nicht. Schließlich, überzeugt, daß ich es nicht mit einem menschlichen Wesen zu tun hatte, beschloß ich, daß der Name falsch sein mußte. Die nächste Antwort kam offenbar klar von dem Ding am Himmel und nicht von Edward. Ich war mir ganz sicher: Was immer es war, es konnte nicht Edward heißen, und so fuhr ich fort: "Ja, aber wer bist du? Was bist du? Wo kommst du her?"

"Ich bin der Geist Afrikas. Ich gehöre zu diesem ganzen Kontinent. Meine Wurzeln reichen tief in die Erde hinein. Wer es möchte, kann meine Energie fühlen, die in sein Wesen steigt. Öffne dich einfach dafür, und sie wird dich erfüllen und bewegen. Mit dieser Energie kannst du meilenweit rennen, ohne zu ermüden. Unter den Massai gibt es Menschen, die sich auf diese Dinge verstehen."

Diese Antwort konnte ich akzeptieren. Sie fühlte sich klar und wahr an. Ich erkannte, daß der Geist Afrikas etwas war, was überall da draußen existierte, wenn ich auch glaube, daß er in den Ebenen, in den Hügeln oder im Busch besser zu spüren ist, als das in einer Stadt je möglich wäre, weil dort so viele andere Schwingungen von den Menschen und den Gebäuden kommen.

Edward?

Was war nun mit Edward? Ich brauchte Wochen, bis ich herausfand, was mit Edward los war. Inzwischen erstattete ich Freunden zwei ziemlich wirre Berichte über meinen Kontakt mit dem Geist von Afrika, in denen "es" und "Edward" dasselbe waren. Glücklicherweise gab Edward nicht auf, so daß ich schließlich begriff, was los war. Er wußte, daß ich von mir aus niemals versuchen würde, ihn zu erreichen, deshalb mußte er die Gelegenheiten ergreifen, wo ich offen genug war, um sich zu melden, auch wenn das ein wirres Bild vom Geist von Afrika zur Folge hatte. Sein nächster Versuch erfolgte in Mombasa. Ich wollte für jemanden aus der Gruppe eine Botschaft empfangen, da kam wieder der Name Edward. Diesmal hielt ich ihn jedoch nicht fälschlich für einen Teil von Afrika, sondern wußte, daß es sich um einen ziemlich langen, dünnen Mann handelte. Er schaffte es, mir klar zu machen, daß er nichts mit der Person zu tun hatte, der ich helfen wollte, daher erwähnte ich seine Anwesenheit nicht. Inzwischen sprach ich mit meiner "Klientin" über ihren Hund, den ich sehr deutlich sehen und gut genug beschreiben konnte, so daß sie ihn erkannte. Dann erwähnte ich einen kleinen braunen Terrier, der nichts mit ihrem Hund zu tun hatte, sondern nur so durch das Bild lief, das ich vor mir sah. Dieser Hund bedeutete nichts für sie, daher dachte ich: "Oh, es muß irgendein streunender Hund sein, der aus Versehen hierhergekommen ist." Es gibt keine Zufälle, aber das hatte ich vergessen, wie Sie gleich merken werden. Mir war immer noch nicht klar, daß Edward irgend etwas mit dem Namen zu tun hatte, der mir beim Reiten gekommen war, noch auch, daß der Hund etwas mit ihm zu tun haben könnte.

Wochen später startete er einen weiteren Versuch. Ich war wieder in England und fuhr gerade von der Arbeit nach Hause, nachdem ich auch nach meinem eigenen Pferd gesehen hatte. Ich würde niemandem empfehlen, während des Autofahrens zu meditieren, aber das war auch nicht meine Absicht, und es war auch nicht das erste Mal, daß jemand mich auf diese Weise erreichte. Ich meditierte **nicht**, sondern versuchte, mich aufs Autofahren zu konzentrieren. Die Straße war mir vertraut, und wahrscheinlich war mein Kopf zu dem Zeitpunkt gerade sehr still, denn ich hörte plötzlich den Namen Edward in meinen Ohren klingen. "Schon wieder Edward!" dachte ich. "Was hat das bloß zu bedeuten?" Der Name Edward wurde wiederholt und dann der Name Ben. Ich fragte mich gerade, was Ben damit zu tun hätte, als es mir plötzlich dämmerte. "Bist du mein Onkel Edward?" fragte ich. "Das solltest du wirklich inzwischen wissen. Ich bin oft genug dagewesen", sagte er mit leichter Verzweiflung in der Stimme. "Dann war Ben also dein Hund?" fuhr ich fort. "Ja." Endlich hatte ich es begriffen. Onkel Edward war mir über die afrikanischen Steppen gefolgt, um mir etwas zu sagen. Nachdem ich ihn bemerkt hatte, versuchte er es in Mombasa noch einmal, diesmal mit seinem Hund Ben, aber ich verstand immer noch nicht. Endlich, nach dem dritten Versuch, hatte er es geschafft.

Aber es gab immer noch etwas, was ich nicht verstand. Ich war sicher, daß er zwei Hunde gehabt hatte, beides kleine braune Norwegerterrier, obwohl ich mich an den Namen des zweiten nicht erinnern konnte. Jetzt wurde es wirklich spannend. Meine Tante, die von meiner Mutter über das Auftauchen ihres früheren Mannes informiert worden war, rief mich an, um wirklich aus erster Hand die Tatsachen zu erfahren. Sie glaubte eigentlich nicht an solche Dinge und wollte wissen, ob ich wirklich meinte, daß wir nach unserem Tod wieder mit unseren Lieblingstieren zusammentreffen, und ob Tiere überhaupt in den Himmel kommen? Ich erklärte ihr, daß meines Wissens das Liebesband zwischen zwei Wesen diese wieder zusammenführt und daß es, wo dieses Band besteht, keine Trennung gibt. Das trifft auf Tiere genauso zu wie auf Menschen. Meine Tante hatte wissen wollen, warum nicht auch der zweite Hund, "Boy", dagewesen wäre, aber als ich ihr von dem Liebesband erzählte, verstand sie es selbst. Sie sagte mir, Boy hätte alle Menschen gehaßt. Er hatte Angst vor ihnen und hatte selbst meinen Onkel angeknurrt, was die Beziehung (zu meinem Onkel) sicherlich nicht verbessert hat.

Edward schien glücklich darüber, daß ich endlich dieses Gespräch mit seiner Frau hatte, und brauchte nicht noch einmal zu kommen. Vielleicht sollte ich das richtigstellen, denn während ich diese Geschichte aufschreibe, fühle ich seine Gegenwart, und er scheint darüber sehr glücklich.

Teamarbeit

Zurück nach Afrika. Am 8. Dezember, etwa in der Mitte unserer Reise, hielten wir die Pferde an, um Mittagsrast zu machen. Nachdem wir es ihnen gemütlich gemacht hatten, diejenigen angebunden hatten, die möglicherweise weglaufen würden, und die anderen frei herumlaufen und grasen ließen, aß ich mein Picknick aus den Satteltaschen und legte mich dann zum Mittagsschlaf ins Gras. Ich wollte schlafen, aber als ich die Augen schloß, spürte ich die Gegenwart eines Tieres. Ich schaute sorgfältig hin, um es zu identifizieren, und allmählich wurde mein inneres Bild klarer. Es war ein Elefant, der in einem silbernen Paradies zu stehen schien. Hinter ihm standen noch mehr Elefanten, aber er war der Sprecher. "Wir sind ein Team", sagte er mit einer Rüsselbewegung nach hinten zu den anderen. Ich sah ihn zu einem Strom gehen. Mit seinem Rüssel trank er aus dem kristallklaren Wasser und spritzte dann etwas davon über seinen Körper. "Wir versuchen, Wege zu finden, wie wir helfen können, das Bewußtsein der Menschheit zu heben."

Über das "Wie" sagten sie nichts. Das mußte ich selber herausfinden. Sicherlich auch auf die Weise, wie sie zu mir kommen, nämlich als Vertreter des kollektiven Bewußtseins ihrer Gattung und so vollkommen im Kontakt mit ihrem höheren Selbst, daß ihnen großes Wissen und große Weisheit zur Verfügung steht. Diese können sie dann, wie in einigen Botschaften dieses Buches, an uns weitergeben. Die Elefanten, die in physischer Form hier auf der Erde sind, können wir studieren und so von ihnen lernen. Bestimmt wirken sie auch in ihrer physischen Gegenwart auf vielerlei Art, aber ich weiß nicht genug, um mehr mehr darüber sagen zu können.

Die "Zeremonie des Blühenden Baumes" in Afrika

Es war der erste "freie" Vormittag seit Beginn unserer Safari zu Pferd. Wir befanden uns in einem schönen Camp am Flusse Mara. Einige von uns wollten nur schlafen, andere waren mit ihren Kameras unterwegs, und ein paar von uns machten etwas mit Linda, bis schließlich die Mittagshitze zu stark wurde und wir beschlossen, uns vor dem Mittagessen auszuruhen.

Ein Teil unserer Vormittagsunterhaltung bestand aus der "Zeremonie des Blühenden Baumes", die ich in meinem ersten Kapitel über Bäume beschrieben habe. Ich habe schon gesagt, daß mit der Übung die Antworten allmählich länger werden. Dies war mein zweiter Versuch, fast ein ganzes Jahr später. Ich bezeichne es als "mit Hilfe eines Baumes (für sich selber) channeln".

"Wer bin ich?"

Ich bin ein Geist, ein freier Geist. In diesem Augenblick befinde ich mich in einem menschlichen Kleid. Meine Verbundenheit mit dieser menschlichen Lebensform ist begrenzt. Es ist eine vorübergehende, flüchtige Erfahrung.

"Woher komme ich?"

Ich komme aus dem Herzen des Großen Geistes. Ich bin in die äußersten Reichweiten Seines Seins hinausgegangen, um all dies zu erfahren.

"Wo gehe ich hin?"

Weit fort zu einem fernen Stern, jenseits von Sonne und Mond, denn dort bewege ich mich frei, wenn hier die Pflicht getan ist.

"Was mache ich hier?"

Lernen, der Menschheit Verständnis bringen. Sie an längst vergessene Dinge erinnern. Auch ich erinnere mich langsam, indem ich lerne, im Geiste in das unendliche Meer des Wissens einzutauchen, indem ich einen Weg suche, indem ich nach neuen Seinsweisen strebe und danach, zu erwachen und meine Macht zu begreifen, indem ich mich daran freue, wie umfassend sie ist, und nach Wegen suche, um diese neugefundene Freude mit anderen teilen zu können. Es ist noch sehr früh, gleichsam Frühling. (Ich ging noch zu einem zweiten Baum. Eigentlich war ich fertig, aber als ich sah, daß ich die einzige war, beschloß ich, noch ein wenig weiterzumachen. Ich suchte mir einen anderen Baum und empfing das Folgende:)

"Ich bin ein Lehrer, der lernt. Noch beeinträchtigt durch meine Persönlichkeit, suche ich nach der Kraft, mehr Licht in mein Wesen zu bringen. In dem Maße, wie ich die Mauern um mich herum abtrage (hier ist noch viel zu tun), suche ich die Verbindung mit allem Leben, besonders hier auf der Erde. Letzteres ist zuweilen schwer für mich, denn die Erde ist in so vielen vergangenen Leben in meiner Unwissenheit ein Gefängnis für mich gewesen. Ich brauche all meinen Mut, um mich wirklich von ganzem Herzen wieder mit ihr verbinden zu wollen. Die Seele des Planeten braucht unsere Liebe und Fürsorge. Der Mensch ist das einflußreichste Wesen auf dem Planeten. Wir haben hier ein großes Potential der Freude, und unsere Verantwortlichkeit für das Wohlergehen all dessen, was um uns ist, ist ebenso groß."

Diese Worte erinnerten mich daran, wo ich in diesem Augenblick geistig stand. Es war faszinierend zu hören, was die anderen in unserer kleinen Gruppe empfangen hatten, besonders da es für einige das erste Mal war.

Anweisungen für mich

Nach unserem Aufenthalt in Mombasa, wo wir es sehr genossen hatten, drei Viertelstunden an der Küste entlang zu schnorcheln, nahmen wir den Zug zurück nach Nairobi. Ich saß nicht gerade entspannt auf meinem Sitz, sondern so knapp auf der Kante, daß weder meine Oberschenkel noch meine Rückenhaut irgendwelchem Druck ausgesetzt waren, denn ich hatte einen schrecklichen Sonnenbrand. Zurück in England, sagte mir eine Kollegin, daß man beim Schnorcheln ein T-Shirt tragen muß , weil die Sonne einen im Wasser besonders verbrennt. Das hätte ich vorher wissen müssen. Auf dem Schiff hatte ich wirklich aufgepaßt, meine Haut nicht der Sonne auszusetzen, aber ich dachte, einen kurzen Aufenthalt im Wasser würde ich überstehen, besonders, da meine Haut schon ein wenig gebräunt war. Ich erzähle diese kleine Geschichte, um anderen solche Pein zu ersparen. Ich hatte Glück, daß ich keinen Sonnenstich bekam. Zurück im kühleren englischen Klima bekam ich sehr rasch auch noch Frostbeulen auf die Verbrennungen an meinen Oberschenkeln, so daß alles sehr langsam heilte.

Doch zurück zu meiner Geschichte. Als ich da so unsicher auf meiner Bankkante saß, sah ich drei Elefanten auf mich zukommen, einen ziemlich großen und zwei kleinere, die sich rechts und links von ihm ein wenig im Hintergrund hielten. Sie standen da zwischen den Bäumen und fingen wieder an, von Teamarbeit zu sprechen. Die beiden kleineren waren jetzt weit genug nach vorn gekommen, so daß die drei ihre Rüssel fest miteinander verschlingen und verknoten konnten. Sie schienen mir zeigen zu wollen, daß sie sehr eng zusammenarbeiteten.

Als nächstes sah ich die Seiten eines Buches mit kurzen Kapiteln, und der Anfangsbuchstabe jedes Kapitels war wunderschön illuminiert. "Es muß illustriert sein", hörte ich die Elefanten sagen und verstand, daß sie dieses Buch meinten.

Schließlich befand ich mich über dem größten Elefanten, horizontal mit dem Gesicht nach unten und dicht genug, daß meine Energiezentren und mein Bewußtsein mit denen des Elefanten verschmelzen konnten. Es war das zweite Mal, daß ich diese merkwürdige Prozedur erlebte.

Als ich über die Teamarbeit nachdachte – es waren ja drei Elefanten, und sie hatten ihre Rüssel so eng verschlungen –, hatte ich den Eindruck, daß sie mir sagen wollten, drei Leute sollten an dem Buch beteiligt sein. Nun, das würde ich sein und dann natürlich Linda, abwohl mir das damals nicht so klar war. Ich entdeckte erst mit der Zeit, daß sie mir mit ihren Ratschlägen sehr geholfen hat. (Darüber werde ich später noch berichten.) Wer konnte also die dritte Person sein? Ich fragte mich, ob es vielleicht ein Illustrator wäre, aber die Antwort ließ noch ganze dreizehn Monate auf sich warten; also werde ich davon erzählen, wenn ich soweit bin.

Die Afrikareise war also beinahe an ihrem Ende angelangt. Ein letzter Punkt ist vielleicht noch von Interesse. In dem Kapitel "Afrika oder nicht?" habe ich davon gesprochen, daß mir Engel halfen, die Entscheidung zu treffen. Sie sagten mir auch, sie würden mich auf der ganzen Reise begleiten. Als ich mich fragte, was für eine Art Engel oder ob es überhaupt Engel wären, sagten sie mir, sie seien "Verwalter der Erde". Als ich nun über die afrikanische Ebene ritt, gerade nachdem mir der Geist Afrikas begegnet war, sah ich fünf oder sechs Strahlen von sanftem goldenen Licht zur Erde herabkommen. "Wir sind Verwalter der Erde", sagten sie mir. Ich denke, das war die Bestätigung dafür, daß sie Wort gehalten hatten und auf jedem Schritt des Weges mit mir waren.

19

Kristallmeditation im Wald

Ich war noch nicht lange aus Afrika zurück, da ritt ich einmal mit meinem schönen Pferd durch den Wald, unter Kiefern entlang. Es war Dezember, aber das Wetter war still und friedlich, und das Pferd (*Wilderness*) lief ruhig und bereitwillig dahin. Ich begann mit meiner Aufmerksamkeit abzuschweifen. Ich genoß zwar die Schönheit des Waldes und meines Pferdes, aber irgendwie war ich traurig. Das Leben in Afrika war so ereignisreich gewesen, und zurück in England war mir, als wäre ich wieder genau an meinen Ausgangspunkt zurückgekehrt, und so angenehm es auch war, verfiel ich wieder in meine übliche schlechte Gewohnheit, mich woandershin zu wünschen. Als ich merkte, daß meine gedankliche Abschweifung mich geradewegs in eine Meditation führte, war mir das willkommen.

Ich sah einen Tunnel, der von weiß-blauem Licht erfüllt war. Das andere Ende schien von nahezu festem goldenem Licht blockiert, als ob die Bereiche jenseits davon nicht betreten werden dürften. Entschlossen, mich von meinen Begrenzungen zu befreien, um in Freude und Freiheit weiterzuforschen, warf ich mein ganzes Bewußtsein gegen das goldene Licht und durchbrach es. Auf der anderen Seite war eine ganz neue Welt. Der Frieden, die Stille und das Licht dort überwältigten mich. Ich merkte, daß ich negative Schwingungen von Anspannung und Angst mitgebracht hatte, und hatte auch das Gefühl, daß all die Dunkelheit meiner Umgebung noch an mir hing. Das war hier so fehl am Platze, daß ich mich wie ein Irrtum fühlte, der gar nicht hätte herkommen dürfen. "Ich muß meine Schwingung verändern, damit ich besser hierher passe", sagte ich mir, und da ich nicht wußte, wie, sah ich mich hilfesuchend um. Fast augenblicklich sah ich neben mir ein schönes Engelwesen, das reines weißes Licht ausstrahlte. Der Engel kam näher, tauchte mich in sein Licht ein und streckte die Hand aus, um mich zu berühren. Die unerwünschten negativen Schwingungen verschwanden, verwandelten sich vermutlich in Licht. Es waren ziemlich viele andere Leute da, die meisten vollkommen auf das konzentriert, was sie gerade taten. Sie hatten, glaube ich, keine physischen Körper mehr, und sie paßten gut an diesen schönen Ort des Lichts. Ich nahm keine Verbindung mit ihnen auf, denn für mich gab es etwas anderes zu tun. Meine Aufmerksamkeit wurde plötzlich von etwas gefangengenommen, was ich bislang nicht bemerkt hatte und was wie ein wunderbar klarer blauer Quarzkristall aussah, der etwa 120-150 cm hoch aufragte. Der Engel brachte mich zu ihm, und ich ging direkt in sein Zentrum hinein. Meine Energiezentren kamen in Einklang mit dem Herzen des Kristalls, und ich fühlte ihn in mir pulsieren. Bei jedem Pulsschlag fühlte ich, wie sich mein eigenes Chakra-Energiesystem nach außen ausdehnte und dann wieder zurückschnellte. Ich sah diese blau-weiße Energie oder dieses Licht des Kristalls in mir arbeiten. Ich war in dem Kristall, und er war in mir. Schließlich trat ich wieder heraus, und als ich mich umsah, bemerkte ich weitere ebenso große Kristalle überall in der Landschaft verstreut, die aber alle reinweiß waren. Sie waren vielleicht sechsseitig, mit vielen Facetten auf jeder Seite. Dies war wirklich ein Ort der Heilung, ein Ort, um sich auszuweiten. Ich dankte dem Engel und kehrte zu meinem Pferd und den Kiefern zurück. Es war eine wunderschöne Reise gewesen.

Beim Weiterreiten unter den Bäumen fühlte ich mich anders als zuvor. Etwas in mir fühlte sich verwandelt, weiter. Es war eine so kraftvolle Erfahrung, daß ich nicht umhin konnte, mich zu fragen, welche Rolle das Energiefeld meines Pferdes wohl dabei gespielt haben mochte. Vielleicht keine, aber es ist sowohl physisch als auch geistig ein sehr starkes Pferd, deshalb denke ich, es hat vielleicht ein wenig Energie beigesteuert.

20

Die Wüste

Ab Dezember 1989 vergingen Monate, ohne daß ich etwas von den Tieren hörte. Manchmal sah ich sie, aber sie waren einfach nur da, ohne daß ich etwas zum Aufschreiben bekam. Schließlich ist “Ich sah einen Tiger; er blieb dreißig Sekunden und verschwand dann wieder” kaum eine lohnenswerte Geschichte. Deshalb brachte ich solche kleinen Ereignisse während dieser Zeit nie zu Papier. Es geschah so selten etwas, was mit meinem spirituellen Leben zu tun hatte, daß mir diese Zeit wie eine Wüste vorkam. Jede kleine Begegnung mit einem Tier war wie eine winzige Oase, wie eine kleine Erinnerung daran, daß es jenseits dieser physischen Dimension, die uns allen so vertraut ist, noch etwas anderes gibt. Die Zeit war so öde, daß ich dieses Kapitel “die Wüste” genannt habe. Ich gebe zu, daß ich mich auch nicht sehr anstrengte, viel zu meditieren, aber ich wußte ja, daß die Tiere oder sonst jemand mich auch erreichen konnten, wenn ich nicht meditierte. Schließlich hatte mein Onkel Edward es geschafft, und auch die Tiere waren früher einfach so zu mir gekommen.

Am 19. April fand ich meine paar Informationen gerade ausreichend, um sie mit einiger Berechtigung aufzuschreiben – eine kleine Oase sozusagen.

Es gab offenbar nicht nur einen Rat der Tiere, sondern auch einen Rat der Elefanten; das schloß ich daraus, daß sie immer zu mehreren auftauchten. Mehrere Tage hintereinander spürte ich, wie sie um mich herumliefen. Einmal war auch ein Rhinozeros dabei, das zu mir herankam und mich direkt von vorn anschaute, so daß ich einen erstklassigen Blick auf sein prächtiges Elfenbeinhorn bekam. Ich sah nur das vordere große, das kleinere dahinter war verborgen. Es erinnerte mich an einen reichen Mann, der seinen Reichtum nicht verbergen kann und in ständiger Angst vor Dieben lebt. Die Elefanten dieser speziellen Gruppe drückten denselben Kummer aus. Sie liefen unsicher zwischen den Bäumen umher, die einen mit spektakulären Elfenbeinzähnen, die anderen mit leeren Löchern da, wo vorher die Zähne gesessen hatten. Je mehr ich schaute, desto mehr Elefanten sah ich. "Worum sorgen sie sich?" fragte ich mich. "Es sind wirklich Massen von ihnen da zwischen den Bäumen." Plötzlich wurde mir klar, daß genau das das Problem war. Es waren **zu** viele von ihnen da, das heißt, es gab nicht mehr genug Bäume für alle Elefanten. Ihr natürlicher Lebensraum ist bedroht und wird immer knapper, und sie brauchen mehr Waldgebiete, sowohl für Nahrung und Unterschlupf als auch zum Schutz vor der Sonne. Bis dahin waren sie mir immer erst erschienen, wenn ich schon schlafengegangen war. Jetzt erschienen sie aus heiterem Himmel und standen einfach im Halbkreis um mich herum, ohne etwas zu sagen, und starrten mich eindringlich an.

Ein andermal während dieser Zeit begann ich gerade mit einer Heilmeditation für den Planeten, als ich merkte, daß ich teilweise im Wasser saß, im Meer vermutlich. Ich sah einen wunderschönen Seehund auf mich zuschwimmen, der unten am Bauch ziemlich helles und auf dem Rücken dunkleres Fell hatte. Er kam so nahe, daß seine weiche Unterseite sacht an mir entlangstrich. Es fühlte sich wirklich wunderbar an, die angenehmste Massage, die man sich vorstellen kann. Er schwamm weiter hin und her, streifte jedesmal im Vorbeischwimmen meinen Körper und stupste mich mit der Nase hinten am Hals, bevor er davonschwamm.

Der Seehund war noch nicht ganz verschwunden, und ich saß noch in der Tiefe des Meeres, da kam ein Dachs, komplett mit seinem eigenen kleinen trockenen Landstück. Er blieb in einer kleinen Entfernung von mir stehen und kehrte dann dahin zurück, von wo auch immer er gekommen war. Beide Tierarten sind von den Menschen bedroht, außer dieser Tatsache konnte ich keinen Grund für ihr Kommen finden.

Der Juni kam, und ich fühlte mich noch immer in der Wüste. Schließlich war das seit Dezember alles gewesen. Ich hatte keine weiteren Anweisungen für das Buch erhalten, aber ich fragte mich, ob ihr

Schweigen vielleicht bedeutete, daß sie nichts mehr zu sagen hatten und daß ich meine Notizen zusammenstellen und veröffentlichen sollte. Die Elefanten hatten es immer sehr eilig damit, ihre Botschaften publik zu machen, ganz gleich, was die anderen Tiere meinten.

Trotz meiner Abneigung gegen Schreibmaschinen sagte mir meine Logik, daß ich einen Verleger eher dazu bringen würde, meine Geschichte zu lesen, wenn er sich nicht Seite um Seite mit schwerleserlichem Gekritzel abzukämpfen hätte. Daher wischte ich einen Teil des Staubes von einer Schreibmaschine, die richtig zu benutzen ich schon vor Jahren niemals gelernt hatte, und nachdem ich das alte Anleitungsbuch wiedergefunden hatte, das mir zeigte, wo man die Finger hinsetzen muß, machte ich mich daran, dieses Buch abzutippen. Es war ein sehr mühseliges Unterfangen. Ich schreibe schon von Hand viel langsamer als die meisten Leute, aber zum Tippen brauche ich noch viel länger. Glücklicherweise war zu diesem Zeitpunkt das Buch noch sehr viel kürzer, daher wurde ich rechtzeitig fertig, um es Ende Juni mit nach Deutschland nehmen zu können. Ich wollte es Linda T.-J. zeigen, die einen Verleger in den Staaten kannte. Als ich eine Tarotkarte zog, die "Enttäuschung" bedeutet, hätte ich schon wissen müssen, daß die Dinge sich nicht so entwickeln würden, wie ich es mir erhoffte. Linda nahm das Buch mit in die Staaten, und nachdem sie es einem Verleger gezeigt hatte, sagten mir beide einstimmig, daß es nur das Skelett eines Buches sei. Trotz ihrer hilfreichen Bemerkungen und Ratschläge, die sie mir so freigebig zukommen ließen, war ich völlig zerschmettert, daß mein Kunstwerk, nun, wo ich es präsentiert hatte, nicht angenommen wurde. Ich wußte, daß ich die Informationen, die ich bekommen hatte, irgendwie in die Welt hinaustragen mußte, weil ich sonst die Tiere enttäuschen würde. Linda hatte mir jedoch einen wichtigen Hinweis gegeben, nämlich daß sie und der Verleger fanden, ich solle warten, bis ich auf meinem geistigen Weg noch ein wenig weiter sei. Ich bin, wie gesagt, jemand, der die Sachen immer am liebsten gestern fertig hätte, und "auf meinem geistigen Weg weiter" klang für mich wie mindestens drei bis vier Jahre, also eine Ewigkeit. Wie konnte ich das nur beschleunigen? Wenn ich damit warten sollte, bis ich von selbst soweit war, dann hieß das womöglich, nicht nur Wochen, sondern mehrere Jahre lang ohne rechten Sinn auf dem Planeten zu leben. Da ich ja schon wußte, wie schlecht sich das anfühlt, machte ich mich an die einzige Alternative, die ich mir vorstellen konnte, nämlich die, den besagten Weg schneller zu gehen. Es gab Dinge in meiner Persönlichkeit, die jede Hoffnung darauf, ein erfolgreiches Buch zustandezubringen, ernsthaft blockierten, und ich konnte nur hoffen, sie drastisch genug zu ändern, wenn ich mir intensiv von jemandem helfen ließ. Gruppenarbeit ist wunderbar, und ich hatte viel Gruppenarbeit gemacht und werde noch viel machen, aber diesmal brauchte ich keinen D-Zug, sondern ein Düsenflugzeug. Wohin würde meine Intuition mich führen? Ich hatte schon lange gelernt, daß in solchen Situationen intuitive Entscheidungen die einzig richtigen sind, weil das höhere Selbst viel, viel weiser ist, als jede intellektuelle Gedankenkraft es sein könnte. Es führte mich zu Chris Griscom, und das erwies sich als ein wahrer Segen. Die früheste Sitzung, die ich arrangieren konnte, war im Oktober, und obwohl ich zwischen Juni und Oktober weiter die gelegentlichen kleinen Botschaften von den Tieren empfing, riet mir etwas in mir, mit dem Buch noch zu warten. Ich wußte, daß ich im Oktober das Ende der Wüstenstrecke erreichen würde, und mit diesem Wissen fühlte ich mich nicht mehr so verloren. Die Wüste wurde zu einem viel freundlicheren Ort für mich.

21 Gespräche mit Pferden

Ich verbrachte eine Woche in Reken, nördlich von Düsseldorf, und nahm an einem von Linda T.-J.'s einwöchigen Trainings teil. Das war, als ich ihr das Manuskript gab, das sie mit in die Staaten nehmen sollte, aber in dieser Woche geschah noch mehr.

Eines Abends kam auf Lindas Einladung hin eine Frau zu uns, die sonst nicht an dem Seminar teilnahm, um uns durch eine Meditation zu führen. Die Meditation sollte uns helfen, uns wirklich mit einem Pferd unterhalten zu können. Wir sollten uns mit dem Geist eines Pferdes verbinden (ich nahm mein eigenes), ganz gleich, wie weit entfernt der physische Körper des Pferdes sich zu diesem Zeitpunkt befand. Eine Zeitlang konnte ich mich durch die Meditation führen lassen, dann trat das Geschehen selbst mehr in den Vordergrund, und ich nahm die anleitende Stimme nicht mehr wahr.

Ich saß unter einem Baum und sah mein Pferd auf mich zukommen. Wir sollten das Pferd, das da kam, nach seinem Namen fragen, also tat ich es und hörte den Namen "*Wilderness*". Ich hatte mein Pferd nie so genannt, aber nachdem im Wörterbuch für "*Desert*" (Wüste) die Definition "*Wilderness*" (Wildnis) steht, hatte der Name vielleicht mehr mit meinem eigenen derzeitigen Zustand zu tun als mit dem Pferd. Für den Augenblick werde ich es jedenfalls "*Wilderness*" nennen. Als ich mir meine Beziehung zu diesem Pferd betrachtete, erblickte ich als erstes zwei menschliche Hände mit fest ineinander verschlungenen Fingern. Ich hatte nicht gewußt, daß wir **so** eng verbunden waren, obwohl ich ahnte, daß unsere Beziehung ungewöhnlich war. Als nächstes sah ich *Wilderness* still auf der linken Seite des Bildes stehen, und ein festes Seil schwang auf mich zu. Es war auch ein Fluß da, und das Seil diente sicherlich dazu, daß ich es ergreifen und mich damit über den Fluß schwingen konnte. Ich ergriff es also und versuchte, mich hinüberzuschwingen. So sehr ich mich abmühte, befand ich mich jedoch nach jedem Versuch sofort wieder an meinem Ausgangsort und sah das mir dargebotene Seil an. "Ich verstehe hier wohl etwas Wesentliches nicht", dachte ich mir und versuchte, tiefer zu ergründen, was mein Pferd für mein Leben bedeutete.

Das auffälligste war sicherlich, daß ich durch mein Pferd Gelegenheit bekam, mir von jemand anderem bei der Arbeit und dem Training, das wir zusammen machten, helfen zu lassen. Ich möchte bei den Turnieren, die ich mit ihm reite, natürlich gut sein, und Dressurreiten ist selbst für die besten Reiter keine leichte Sache, wenn sie sich nicht von jemandem dabei helfen lassen; denn es gibt so vieles, was man am besten mit Hilfe einer zweiten Person erreichen kann. Für mich war das eine schwierige Lektion, denn ich stecke immer so voll mit eigenen Ideen. Ich hatte mir jedoch von jemandem helfen lassen, hatte mühsam meine eigenen Vorstellungen unterdrückt und dadurch ein paar erste Preise gewonnen. Anders ausgedrückt, lernte ich durch dieses Pferd, Rat anzunehmen. Die meisten Leute können um Rat bitten, aber nur wenige nehmen ihn auch an. Es half mir auch, Vertrauen zu anderen Menschen zu entwickeln, Selbstbeherrschung, Konzentration und die weibliche Eigenschaft, sich von etwas oder jemandem außerhalb seiner selbst kontrollieren zu lassen. Die roten Abzeichen und der Erfolg waren nicht so wichtig. Was wirklich zählte, waren die Lektionen auf dem Weg. Was hatte das Pferd von alledem? Es hatte Gelegenheit, eng mit Menschen zusammenzuarbeiten, konnte seine Persönlichkeit entwickeln und entdecken, wie viele erstaunliche Dinge es mit Hilfe eines menschlichen Partners lernen konnte. *Wilderness* lernte, über das hinauszugehen, was er früher als seine Grenzen betrachtet hatte.

In dem Augenblick, wo ich die Bedeutung all dessen wirklich begriff, konnte ich mich über den Fluß schwingen, und danach verschwanden Fluß und Seil. *Wilderness,* entzückt über meine Fortschritte, machte kehrt und galoppierte einen abschüssigen Hügel hinauf, wo wir beide miteinander verhandeln sollten.

Ich hatte zwar vor dieser Meditation nicht geahnt, wie eng unsere Bestimmungen miteinander verwoben waren, aber ein wenig wußte ich darüber, und das möchte ich jetzt erzählen.

Ich hatte *Wilderness* seit etwa vier Monaten. Oft, wenn ich ihn ritt, war es entweder ernsthafte Dressur auf einem begrenzten Gelände, oder wir sprangen über Hürden, für die er sich endlos begeistern konnte. Manchmal ritt ich mit ihm zur Abwechslung ins freie Land hinaus, zum Vergnügen und zur Entspannung. An solch einem Tag geschah es mir einmal, daß ich *Wilderness* immer wieder mit meinem vorherigen Lieblingspferd verwechselte, das 1979 gestorben war (dem Pferd "*Desert*", das ich schon in der Einleitung vorgestellt habe). Dann riß ich mich wieder zusammen und erinnerte mich, daß ich ja auf *Wilderness* saß. Die beiden Pferde waren sich allerdings ziemlich ähnlich. Beide waren überdurchschnittlich schön, hatten eine lange, schwungvolle Gangart, waren schmal und bequem zum Sitzen und hatten beide die gewisse Vornehmheit der Vollblüter oder Halbblüter. Beide waren zu temperamentvoll, um darauf einschlafen zu können, und beide waren hochintelligent. Das andere Pferd, das ich zwölf Jahre gehabt hatte, war mir wirklich ans Herz gewachsen, und nachdem ich es nach seinem Tode mehrmals geistig gesehen hatte, fragte ich mich, ob es vielleicht zurückgekommen sei. Ich hatte schon lange nicht mehr an *Desert* gedacht, aber auf dem Rücken dieses Sechsjährigen, den ich jetzt an seiner Stelle ritt, fühlte ich dieselben vertrauten Schwingungen im Körper. In diesem Buch nenne ich das erste Pferd *Desert*, weil *Desert* so etwas Ähnliches bedeutet wie *Wilderness*, und *Desert* war auch ein halber Araber, deshalb paßt der Name gut.

Später im Jahr traf ich eine Freundin, die auch eine Verbindung zwischen den beiden Pferden sah, obwohl ich ihr nichts von meinen Gefühlen erzählt hatte. Sie meinte, *Desert* sei vielleicht als geistiger Führer für *Wilderness* zurückgekehrt. Anfangs akzeptierte ich diesen Gedanken, aber ich wußte, daß sie nicht an Reinkarnation glaubte, und ich wunderte mich darüber, daß immer dasselbe Pferd erschien, wenn eines der beiden Pferde mich im Traum besuchte. Nur die Farbe änderte sich, manchmal von der des früheren Pferdes in die des jetzigen, manchmal umgekehrt. Dann wurde mir klar, daß *Wilderness* ein Jahr nach *Deserts* Tod geboren war, und langsam dämmerte mir, daß sie beide das gleiche Pferd waren. Das Liebesband zwischen uns war sehr stark gewesen, und *Desert* hatte zu mir zurückgefunden. Ich dachte daran, wie es gewesen war, als jemand mir erzählt hatte, *Wilderness* sei zu verkaufen. Eigentlich hatte ich zu dem Zeitpunkt noch kein Pferd kaufen wollen, denn ich hatte eine nette kleine Stute, mit der ich noch ein paar Springturniere reiten wollte, bevor ich mich von ihr trennte. Ich sagte der Frau: "Ja, ich schaue mal, ob einer meiner Klienten Ihr Pferd kaufen will", spürte aber innerlich schon einen starken Drang, es selbst zu kaufen. Ich hatte es noch nicht einmal gesehen und hatte trotzdem das Gefühl, ich **müßte** es kaufen. Nachdem ich es gesehen hatte, ließ ich es wie üblich vom Tierarzt untersuchen, aber er hätte auch sagen können, das Pferd werde morgen sterben: Ich hätte es trotzdem gekauft!

Ich erinnere mich daran, wie *Desert* mir drei Wochen nach seinem Tode nachts erschienen war und gezeigt hatte, daß er jetzt ein paar schwierige Dressurakte beherrschte, die ich ihm zu Lebzeiten nicht hatte beibringen können, weil er nicht gesund genug und ich nicht geschickt genug gewesen war. Als *Wilderness* war er gleichsam als kühneres und stärkeres Modell seiner selbst zurückgekehrt. Innerhalb weniger Jahre schafften wir einige der Sachen (besonders Sprünge), die ich mit ihm zuvor nicht fertiggebracht hatte. Es war, als ob wir unerledigt gelassene Dinge zu Ende führten. Meine Vermutungen bestätigten sich durch ein Buch, in dem beschrieben wird, wie der Autor und seine Frau nachts zusammen Astralreisen unternehmen. Eines Nachts bemerkten sie den Astralkörper einer früheren Lieblingskatze. Seine wollige Form schwebte auf die Frau zu, und der Mann bemerkte, daß er an einer silbernen Schnur hing, die er in der Dunkelheit bis hinunter ins Erdgeschoß zu einem ihrer neuerworbenen Kätzchen verfolgen konnte. Die geliebte Katze hatte sich offensichtlich wieder inkarniert und zu ihnen gefunden. Für mich war dies das letzte Beweisstück, das ich brauchte, um glauben zu können, daß Tiere sich reinkarnieren und daß Haustiere manchmal zu ihren früheren Besitzern zurückkehren. Meine beiden Pferde sind ein Pferd.

Ich erzähle das, um alle zu trösten, die vielleicht ein geliebtes Tier durch den Tod verloren haben; damit sie wissen, daß der Tod für die

Tiere genausowenig das Ende bedeutet wie für uns. Er muß noch nicht einmal das Ende einer Freundschaft sein, denn sie können sich nachts im Traum wiederbegegnen oder nach dem Tod des anderen Partners, oder selbst im Leben wieder, wenn das Tier sich entschließt, wiedergeboren zu werden und in einem nagelneuen physischen Körper zu seinem Besitzer zurückzukehren.

Die Geschichte mit dem Haferkuchen

Ich habe diese Geschichte nicht aufgeschrieben, als sie geschah. Ich dachte bloß: "Naja, das Pferd hat mir etwas gesagt, aber das hat nur mit mir zu tun, deshalb braucht sonst niemand davon zu hören." In einem Brief an Linda T.-J. hatte ich dann jedoch den plötzlichen Impuls, davon zu erzählen. Vielleicht hilft es jemandem, der sich auch so wie ich bemüht hat zu wissen, wie dankbar die Tiere sind, wenn wir sie zu verstehen suchen. Lindas Antwort bestätigte mir das. Es liegt schon ein oder zwei Monate zurück, aber die Hauptsache ist mir noch klar im Gedächtnis.

Zuerst muß ich beschreiben, was ein Haferkuchen ist. Es handelt sich hierbei nicht etwa um irgendeinen x-beliebigen Haferkuchen, sondern um einen Staffordshire-Haferkuchen. Diese bestehen hauptsächlich aus Hafermehl und haben einen Durchmesser von ca 24 cm. Sie sind weich und biegsam wie Pfannkuchen, und man kann seine Lieblingsfüllung, süß oder salzig, darauf schmieren und sie zusammenrollen. Als ich in Staffordshire arbeitete, entwickelte ich eine besondere Vorliebe für diese Kuchen und wurde auch ziemlich dick davon. Ich habe sie nie in irgendeinem anderen Teil des Landes gesehen, obwohl man sie jetzt auch anderswo kaufen kann. Ich erinnere mich noch an den kleinen Laden, wo nur diese Haferkuchen hergestellt wurden und man zuschauen konnte, wie sie gebacken wurden, und sie ganz frisch bekam. Sie sind eine Spezialität der "*Potteries*", wie diese Gegend genannt wird, wo Wedgewood-Porzellan und andere Töpfereiprodukte hergestellt werden.

Ich meditierte gerade zu Hause, als ein ziemlich kleines wolliges Pony mich besuchte. Es hatte ein rotes Nylonhalfter um und sollte wohl alle von Menschen gehaltenen Ponys vertreten. Es stand vor mir, und ich bemerkte, daß es einen Staffordshire-Haferkuchen im Maul hielt. Diese auserlesene Köstlichkeit legte es mir wie eine Opfergabe zu Füßen. Ich wußte, daß Pferde Hafer mögen, aber wer hatte ihm gesagt, daß ich Haferkuchen so gern mag? Dieses kleine Geschenk wurde mir als Anerkennung für meine Bemühungen überreicht, seinesgleichen zu verstehen. "Wir möchten dir danken", sagte das Pony. Ich wußte, daß ich mir in letzter Zeit sehr viel Mühe gegeben hatte, die Pferde zu verstehen, mit denen ich arbeitete. Ich hatte wirklich versucht, mich mit ihnen zu verbinden, und offensichtlich war das nicht unbemerkt geblieben. Leider konnte ich den Haferkuchen nicht essen, denn es gab ihn nur in einer nichtphysischen Dimension, aber ich verstand wirklich, was es heißt, wenn man sagt: "Der Gedanke ist es, der zählt." Dieses unerwartete Lob berührte mich zutiefst. Ich saß da mit Tränen in den Augen, und das Pony verschwand.

Später dachte ich, wie viele Menschen wohl ähnliche Erlebnisse haben würden, wenn sie hellsichtig genug wären, sie zu empfangen. Deshalb mußte ich diese Geschichte erzählen.

22

Die letzte Etappe meiner Reise durch die Wüste

August 1990. In dieser Zeit kamen die Tiere selten zu mir, nur etwa einmal im Monat. Im Juli waren es die beiden Elefanten auf dem Hügel in Lanzarote, die mir erklärten, was unter Druckpunkten zu verstehen sei; darüber habe ich schon gesprochen. Jetzt kam ein Papagei.

Ich war zu Hause, und Stück für Stück kam ein Vogel in Sicht. Er hatte bunte Farben, knallrot, verschiedene Grüntöne und ein wenig Gelb und bläuliche Beine. Im Laufe unseres Gesprächs veränderten sich seine Farben ein wenig, nahmen grünlichere Töne an, woraus ich schloß, daß dieser Vogel nicht nur eine Gattung von Papageien vertrat, sondern eine ganze Abteilung von Vögeln der Erde. Zuerst kamen ein paar rote Federn um einen Kopf mit gelbem Schnabel in Sicht, dann die roten Schwanzfedern, und dann nahm ein wahrhaft prächtiger Vogel Gestalt an. "Ich bin ein Papagei", wiederholte er mindestens dreimal, um ganz sicherzugehen, daß ich es verstanden hatte. "Die Menschen ahmen auch nach", sagte er, "die Menschen imitieren auch." Ich verstand nicht gleich, was er damit meinte, deshalb schaute ich einfach weiter hin und hörte zu. Um eines seiner Beine trug er einen kleinen Metallring. "Ich bin ein zahmer Papagei", fuhr er fort. Dann nahm er einen langen, dünnen roten Seidenschal, wickelte ihn um meinen Hals und schien mich damit erdrosseln zu wollen. "Warum machst du das?" fragte ich ihn. "Die Menschen behandeln uns als solch dumme Vögel, daß ich sie am liebsten erwürgen würde", kam die Antwort. "Wir sitzen hier in winzigen Käfigen und picken Hirse. Die Menschen halten uns für dumm, weil wir, wenn wir ihre Sprache sprechen, einfach nachahmen, was wir hören.

Unsere eigene Sprache verstehen sie selten. So oft bleibt unsere Intelligenz unterentwickelt, wenn wir in Gefangenschaft leben, denn in den kleinen Käfigen haben wir keine Gelegenheit, etwas auszuprobieren, und können nicht so lernen, daß wir unser natürliches Potential als Vögel entwickeln können. Wir brauchen Platz, um uns zu bewegen und unsere Flügel auszubreiten, wenn wir so nahe bei den Menschen in Gefangenschaft leben sollen. Nicht nur das, sondern physischer Kontakt mit unseren Besitzern würde die Beziehung auch für beide Seiten nützlicher machen. Wenn sie uns doch manchmal berühren oder sanft mit der Hand streicheln würden, nicht um uns zu erschrecken, aber oft genug, damit wir unsere Angst ablegen und uns daran freuen könnten! Wir brauchen so viel und so verschiedene Gelegenheiten, wie man sich nur ausdenken kann, um mit ihnen in Austausch zu sein, so daß sie uns als Persönlichkeit kennenlernen können. Das wäre für beide gut, für Vögel und Menschen."

Als ich darüber nachdachte, wurde mir klar, daß Vögel traditionell als dumm gelten, aber natürlich beurteilen wir sie nach unseren eigenen Maßstäben und übersehen manche ihrer verblüffenden Eigenschaften, von denen jeder gute Naturkenner erzählen könnte. Statt dessen haben wir Ausdrücke wie "der hat ein Vogelhirn" für dumme Leute, die leicht vergessen und ein sehr kleines Gehirn zu haben scheinen, und wir sagen "wie ein Papagei". In der Schule hören wir, daß wir nicht nur lernen sollen "wie ein Papagei" , das heißt, wir sollen die tiefere Bedeutung der Dinge verstehen und sie nicht nur aufsagen können.

Im September kamen zwei Botschaften ziemlich dicht hintereinander, aber recht verschiedener Art. In der ersten ging es um einen Seehund: Gegen Ende meiner Meditation sah ich einen am Strand, der reglos dasaß und mich mit großen braunen Augen ansah. Er sagte mir telepathisch: "Mit so viel Geschichte hinter uns kommen wir jetzt auf euch zu, um euch unsere Rolle in der Schöpfung hier auf der Erde bewußt zu machen. Wir sind ein Glied in einer Kette. Das bezieht sich auf unser Bewußtsein, nicht auf unsere biologischen Aspekte, obwohl diese auf einer anderen Ebene auch wichtig für das Gleichgewicht der Natur sind. Auf der Ebene des Bewußtseins sind wir die Verbindung zwischen der Menschheit und den Landbewohnern und den Tiefseetieren, besonders den großen, hochentwickelten Fischen wie den Walen und Delphinen. Wie du siehst, sind wir viel an der Küste, um diese Funktion zu erfüllen."

Die zweite Botschaft, die kurz darauf folgte, kam von einer Henne. In ihrem schönen goldbraunen Gefieder stand sie vor mir und schaute mich erst mit dem einen Auge an und dann mit dem anderen. Sie hatte ihre eigene Art von Würde und war stolz darauf, eine Henne zu sein. Sie zeigte mir eine Henne in einem sehr kleinen Käfig und sprach von den Hennen in überfüllten Legebatterien. "Wenn sie so gehalten wird", erklärte sie, "spielt die Natur verrückt."

Ich dachte an Geschichten, die ich gehört hatte, von Hennen, die sich nicht nur schlimm zerpickten, sondern sich gegenseitig in großer Zahl umbrachten, wenn sie in solchen überfüllten Batterien gehalten wurden, als ob sie alle tatsächlich verrückt geworden wären. Dies ist nur ein Teil des Elends und des Chaos, das die Menschen erzeugt haben. Die Henne wollte mir zu verstehen geben und ich sollte bekanntmachen, daß diese Vögel nur dann sein können, wie der Schöpfer sie gedacht hat, wenn sie ordentlich versorgt und unter humanen Bedingungen gehalten werden.

Am 17. Oktober bekam ich meine letzte Botschaft von den Tieren, bevor ich zu Chris Griscoms Seminar in die Schweiz fuhr. Die letzte, aber nicht die unbedeutendste, denn ich finde sie recht tiefgehend und wichtig.

Ich sah mich auf einer Lichtung im Wald sitzen, im Gras, mit gekreuzten Beinen. Um mich herum waren hauptsächlich Grüntöne, und ich empfand ein überwältigendes Gefühl von Frieden. Es war eine kreisförmige Lichtung, umgeben von hohen, alten Bäumen. Obwohl ich die Farben deutlich wahrnahm, stand über mir ein Nachthimmel mit einem Vollmond, der die Lichtung so hell erleuchtete, daß ich sogar ein Stück weit zwischen die Bäume hineinschauen konnte. Der Schauplatz war nun da, und ich bemerkte, wie sich die Schwingung veränderte. Ich sah mich um und erblickte die Tiere, die sich allmählich am Rande der Lichtung versammelten. Der ganze Rat der Tiere war da. Als ich mich fragte, ob sie wirklich alle gekommen waren, wurde das weiße Kaninchen besonders aktiv, als ob es mir durch seine Gegenwart versichern wollte, daß auch alle anderen da waren. Ich sah immer wieder seine langen weißen Ohren mit den rosa Innenseiten und zwei seiner Vorderzähne, die über der Unterlippe hervorschauten. Zu meinem Erstaunen trat es als erstes vor. Es blies einen leuchtendblauen Luftballon auf und ließ ihn dann in den Himmel steigen. Die anderen Tiere taten es ihm nach, und jedes ließ einen Ballon von einer anderen Farbe in den Himmel hinaufsteigen. Die Atmosphäre war jetzt richtig magisch. Ich saß wie verzaubert da und schaute. Ich spürte die Aufregung und Vorfreude auf etwas Kommendes, das sie schon anfingen zu feiern. Ich konnte den Leoparden, den Tiger, den Elefanten, das Kamel und die anderen ruhelos zwischen den Bäumen umherstreifen sehen. Kleine schimmernde Zauberfunken schwebten in der Luft, das heißt, die Atmosphäre selbst schien zu sprühen. Für mich war das ein ganz neues Phänomen. "Was ist hier los?" fragte ich. Sie zeigten mir ein Bild von mir selbst, wie ich in der Mitte des Kreises auf dem Boden kniete und den Kopf vorstreckte. "Es ist Zeit, daß du dich mehr zeigst," sagte eines der Tiere. Ich verstand, daß bald eine Zeit kommen würde, wo ich der Welt mehr von meinem wahren Ich zeigen und offener über die Dinge sprechen sollte, die in meinem Herzen verborgen lagen. (Eine Woche später bei Chris Griscom bestätigte sich das.)

Ohne bewußte Entscheidung meinerseits merkte ich, wie ich aufstand und auf einem Weg die Lichtung verließ, der sich soeben zwischen den Bäumen aufgetan hatte. Am anderen Ende des Weges erblickte ich ein wunderschönes Licht. Regenbogenfarben liefen darüber, es hatte eine sanfte, fluoreszierende Qualität und strahlte Freude aus. Wieder gingen die Tiere an meiner Seite durch den Wald. Ich hielt zwei von ihnen an den Händen, und obwohl ich nicht weiß, welche Tiere es waren, kam es mir gar nicht merkwürdig vor, daß sie Hände hatten. Ich wunderte mich, warum ich mit den Tieren ging. Sie lasen meine Gedanken und antworteten: "Weil du eine von uns bist." "Heißt das, daß ich eigentlich ein Tier bin und gar kein Mensch?" fragte ich mich. "Wir sind alle gleich. Wir haben alle dieselbe Essenz. Versuche nicht, dich als etwas anderes zu sehen. Wir sind Reisegefährten, die in dieselbe Richtung gehen. Wir sind hier, um uns gegenseitig auf unserem Weg zu helfen. Sei dir darüber im klaren. Wir sehen das Tier in dir, und du mußt in uns das sehen, was auch in dir ist. Es ist Zeit, daß die Trennung aufhört, die der Mensch geschaffen hat. Es ist Zeit, daß er aufwacht und in den Schoß der Gemeinschaft zurückkehrt. Ihr habt die Gemeinschaft in Wirklichkeit nie verlassen, ihr habt nur das Bewußtsein darüber verloren. Laßt euch nicht von unseren physischen Formen oder eurer eigenen täuschen. Wißt, daß wir jenseits dieser Formen eins sind, alle Teil derselben schöpferischen Kraft."

Hier verblaßte die Vision bis auf einen Papagei auf einem Baum, der mir zurief: "Schreib's auf! Schreib's auf!" Also schrieb ich es auf.

23

In der Schweiz

Ich fuhr in die Schweiz, um mit Chris Griscom und dem Lichtinstitut zu arbeiten. Mein Interesse an Chris war erst 1988 ernsthaft geweckt worden, als ich bei einem von Linda T.-J.s Trainings in Deutschland war und Linda darauf bestand, mir ein Buch zu leihen, das, wie sie sagte, wirklich wunderbar sei. Es hatte den Titel “Zeit ist eine Illusion”und war von Chris Griscom. Ich war so beeindruckt davon, daß ich mir kurz darauf ein zweites Buch von ihr bestellte – “Die Frequenz der Ekstase”. Als ich diese beiden Bücher gelesen hatte, stand für mich fest, daß ich eines Tages, wenn die Zeit dafür reif war, diese Frau kennenlernen wollte. Damals zog mich ihre Philosophie an, denn ich wußte noch nichts über das Licht-Institut und seine Arbeit. Linda andererseits kannte Chris nicht nur persönlich, sondern hatte sowohl von Chris als auch später, als Chris keine Einzelstunden mehr gab, von einem ihrer gut ausgebildeten Helfer Einzelsitzungen bekommen. In mancher Hinsicht ist ihre Arbeit so ähnlich wie die Rückführungstherapie, die Rhea Powers gemacht hatte und noch immer lehrte, aber jeder arbeitet ein wenig anders. Beide Methoden sind außerordentlich wirksam, aber verschieden. Linda hatte gelegentlich von diesen starken Sitzungen am Lichtinstitut gesprochen, und das hatte meine Neugier gesteigert.

In meiner Teenagerzeit, bevor ich selbst meinen Unterhalt verdiente, so daß ich noch von dem kleinen Taschengeld, das meine Eltern mir für Kleidung und andere Ausgaben überließen, abhängig war, hatte ich oftmals ziemlich wenig Geld gehabt. Meine Mutter erklärte mir, daß sie mich absichtlich so kurz hielten, denn nur wenn man nicht ganz genug habe, würde man den Wert des Geldes wirklich schätzen lernen.

Sie wollten nicht, daß ich hungerte oder nicht das Notwendigste hätte, aber ich sollte lernen, sehr sorgsam mit meinem Geld umzugehen. Es funktionierte. Ich bin immer sehr besorgt gewesen, wenn es darum ging, Geld auszugeben. Die Worte meiner Mutter: "Denk daran, wenn du es ausgegeben hast, ist nichts mehr da!" klangen mir ständig in den Ohren. Als es also darum ging, mir ein Flugticket in die Staaten zu kaufen und meine Sitzungen zu bezahlen, machte ich mir wirklich Sorgen um all das Geld. Ich hatte von Freunden gehört, daß Chris manchmal nach Europa kam. Vielleicht Deutschland, dachte ich, das wäre relativ nahe. Also hörte ich mich um und erfuhr, daß in Wäggis, in der Schweiz, eine kleine Gruppe organisiert wurde, wo Chris und sechs oder sieben ihrer Helfer mit uns arbeiten würden. Das bedeutete, daß jeder von uns vier dreistündige Sitzungen von einem ihrer Helfer bekommen würde und daß wir anschließend Gelegenheit hätten, in kleinen Gruppen mit Chris zu sprechen und über alles, was während der Sitzungen hochkam, Fragen zu stellen.

Obwohl der Wunsch, mehr über Chris und ihre Arbeit zu erfahren, schon seit einiger Zeit in mir war und es mehrere Fragen gab, über die ich meine Neugier zu befriedigen hoffte, war meine stärkste Motivation doch die, in einen Zustand zu kommen, in dem ich die Botschaften der Tiere erfolgreich in die Welt hinausbringen konnte. Das Thema des Seminars war "Erfolg", und es schien mehr auf Geschäftsleute ausgerichtet zu sein als auf Leute wie mich. Das, zusammen mit den Kosten, ließ mich beinahe davor zurückschrecken, wenn nicht eine hartnäckige Stimme in mir gesagt hätte: "Du wirst dir so viel Schmerz ersparen, wenn du hinfährst." Das entschied die Sache. Schmerz ertrage ich außerordentlich schlecht, und Schmerz zu vermeiden, rechtfertigt alle Kosten und alles, was ich mir sonst noch denken kann.

Ich kam einen Tag zu früh an, denn wenn ich über Samstag blieb, reduzierte das meine Flugkosten um über die Hälfte. Es stellte sich auch als genau richtig heraus, denn da alles dort neu für mich war, fühlte ich mich bei meiner Ankunft ziemlich erschöpft und brauchte die zusätzlichen vierundzwanzig Stunden Ruhe, bevor wir anfingen.

An sich selber arbeiten ist selten reines Zuckerlecken. Gewöhnlich ist es eine Mischung aus guten und unangenehmen Erfahrungen, wobei die unangenehmen manchmal ziemlich schwer anzuschauen sein können. Ich war also etwas ängstlich. Die guten Sachen können einem auch Sorgen machen, weil ich es immer so schwer finde, daran zu glauben! Vielleicht war mein allgemein ängstlicher Zustand der Auslöser für die folgende spontane Meditation. Sie erwies sich als sehr passend.

Ich sah das weiße Kaninchen, das ich allmählich aus dem Rat der Tiere so gut kenne. Es stand da wie ein Wegweiser am Anfang eines Pfades, auf den ich mich offensichtlich begeben sollte. Es war dunkel, aber ich wußte, daß der Weg für mich bereitet worden war. Mir wurde gezeigt, daß ich ihn allein gehen mußte, daß aber immer andere Wesen in der Nähe sein würden, die mich beobachteten. Es würde Unterstützung da sein, aber ich mußte meinen eigenen Stand finden. Auf halbem Weg sah ich eine Giraffe, die, obwohl sie im Schatten ging, mit ihrem langen Hals groß genug war, um über die sonnenbeschienenen Baumkronen hinaussehen zu können. Von diesem relativ hohen Aussichtspunkt aus konnte sie nicht nur sehen, wo sie war, sondern auch, wo sie herkam und wohin sie ging und überall um sich herum. Ich erinnerte mich daran, daß ich, wenn ich mich mit diesem wunderschönen Körper verband, selbst aus meiner Stellung im Schatten hinaufreichen und eine viel weitere Perspektive auf das Leben gewinnen konnte. Zweitens sollte ich nicht vergessen, wenn ich im Schatten war, daß Schatten nur möglich ist, wenn anderswo die Sonne scheint.

Diese vorsorgliche Vorausschau hätte mich sicherlich noch viel mehr beruhigt, wenn ich sie nicht völlig vergessen hätte, bis ich sie auf ein Stück Papier aufgeschrieben fand, als ich wieder nach Hause kam!

Die Arbeit mit vergangenen Leben ist auch im besten Falle eine strittige Sache. Zunächst sind da alle die, die Reinkarnation nicht akzeptieren und deshalb zahllose andere Erklärungen dafür finden, warum andere sich erfolgreich an frühere Leben erinnern können. Dann gibt es jene, die einräumen, daß sie vielleicht schon einmal gelebt haben, daß aber die Hypnose, die man braucht, um sich daran zu erinnern, zu gefährlich ist, als daß es sinnvoll sein könnte, dies zu versuchen. Andere sagen, wenn man sich immerfort "rückführen" ließe, würde man tatsächlich in der Vergangenheit leben statt in der Gegenwart, und wieder andere sagen, ein Leben sei wahrhaftig genug, und mit dieser gegenwärtigen Inkarnation fertigzuwerden, sei gerade so viel, wie man schaffen kann. (Das Lichtinstitut benutzt übrigens nicht den Ausdruck "Rückführung", weil es davon ausgeht, daß alle Leben gleichzeitig stattfinden. Zeit ist schließlich eine Illusion.) Weshalb war ich also so scharf darauf, mich rückzuerinnern? Zunächst, weil es so befreiend ist. Es löst tief im Unterbewußtsein verborgene Blockaden auf, von denen man ansonsten nicht einmal wüßte. Wenn sie einmal aufgedeckt sind, kann man ihnen ihre Macht nehmen. Erst dann kann man die Vergangenheit loslassen, bis dahin hält sie einen zurück. In welchem Ausmaß das der Fall ist, ist sicher von Mensch zu Mensch verschieden. Die Erinnerungen an die Vergangenheit begleiten einen von Leben zu Leben, und meine eigenen Erfahrungen haben mir gezeigt, daß sie wirken wie ein Mühlstein um den Hals, der selbst die begeistertsten Bemühungen, als Mensch zu wachsen, zunichte macht. Mein Höheres Selbst schrie nach Erlösung. Man ist seine vergangenen Leben ebensowenig, wie man dieses Leben ist, dessen bin ich mir ganz sicher. All diese verschiedenen Personen, als die wir uns erlebt haben, und auch die Person, die wir jetzt sind, das sind wir alles nicht wirklich. Sie sind nur eine Reihe verschiedener Identitäten, mit denen wir uns identifizieren, um dabei etwas zu lernen – darum geht es hauptsächlich im Erdenleben, ums Lernen. Wenn wir das vergessen und denken, wir seien diese Identitäten, verlieren wir das, was wir wirklich sind. Denn wie alles andere sind wir Teil der Quelle, Teil Gottes oder des Großen Weißen Geistes, ganz gleich, wie man es nennen will. Wenn ich meiner Vergeßlichkeit in die Falle gehe, zu denken, ich sei eine dieser Identitäten, Helena zum Beispiel, dann erlebe ich mich als getrennt von meiner Quelle, von Gott. Wenn du erkennst, daß das, was du wirklich bist, ein Teil reiner Gottesenergie ist, absolut unschuldig und es wert, die Freiheit zu haben, zu sein, was du wirklich bist, dann bist du es dir schuldig, alles in deiner Macht Stehende zu tun, um das zu verwirklichen. Wie kannst du deinen Nächsten lieben wie dich selbst, wenn du nicht zuerst lernst, dich selbst zu lieben? Wenn du dir dein Leben so anschaust und die Menschen um dich herum leiden siehst, dann mußt du, um ihnen zu helfen, zuerst lernen, dich selbst zu lieben, und für mich gehört dazu unbedingt, daß ich herausfinde, wer ich eigentlich bin.

Die meisten von uns haben in unseren anderen Leben so viele Fehler gemacht, daß wir jetzt sehr vorsichtig geworden sind, etwas auszuprobieren. Wir haben zu viel Angst. In unserem Unterbewußtsein verborgen sitzt zum Beispiel das Wissen: "Als ich das vor sechs Leben probiert habe, wurde ich ins Gefängnis geworfen. Das war ungerecht, aber so war es , und im Gefängnis war es nicht schön, deshalb mache ich das lieber nicht noch einmal." Diese Art von Muster taucht vielleicht auf, und die Beschlüsse, die wir gefaßt haben, engen uns manchmal gewaltig ein. Dies ist kein Buch über Reinkarnationstherapie, denn es gibt viele andere, die darüber besser schreiben können als ich, aber in dieser Zeit in Wäggis kam ich mit einem Leben in Kontakt, das den Durchbruch bewirkte, den ich gesucht hatte.

Folgendes war mir in Kürze geschehen: Ich war Lehrerin und lehrte viele Dinge auf dem Gebiet der Esoterik. Ich wollte auch ein guter Mensch sein, aber dazu fehlte mir die nötige Weisheit. Ich war eine gute Hellseherin, aber anstatt diese Gabe weise einzusetzen und Menschen damit zu helfen, die bereit dafür waren, verkündete ich überall meine Visionen und erteilte Leuten Ratschläge, die sich für solche Dinge überhaupt nicht interessierten. Ich mischte mich in anderer Leute Leben ein oder versuchte es zumindest. Nicht jeder Mensch möchte verbessert werden, und die meisten Leute nahmen mir meine Einmischerei sehr übel. Ich kam auch nie auf den Gedanken, mir meine eigenen Fehler anzuschauen. Ich wollte sie gar nicht sehen, denn vielleicht hätte ich ja etwas gesehen, was mir nicht gefiel. Auf diese Weise sah ich auch nicht voraus, daß eines Tages zwei Männer, die mit ihrer Geduld am Ende waren, kommen und mich ins Gefängnis werfen würden. Hexen wurden damals verbrannt, und so erging es auch mir. Ich sah meine eigenen Fehler noch immer nicht, sondern war verbittert und wütend darüber, daß meine Gaben so wenig gewürdigt wurden. Ich hatte der Menschheit wirklich helfen wollen, und sie belohnte mich dafür mit einem schmachvollen Tod. Ich gelobte mir mit all meiner Kraft, daß **"ich nie, unter keinen Umständen mehr etwas tun würde, um der Menschheit zu helfen."**

Ich hatte zwar gewußt, daß ich in diesem Leben noch nie ein "Gesellschaftsmensch" gewesen war, aber nach all der Ablehnung, die ich als Kind erlebt hatte, und nach den verschiedenen schrecklichen Ereignissen und Leiden in anderen Leben war mir das ziemlich natürlich vorgekommen, wenn sich auch meine Einstellung zu Menschen nach einigen Workshops mit Rhea Powers ziemlich geändert hatte. Nachdem ich diesen Schwur entdeckt und mir jemand geholfen hatte, zu sehen, wie ich durch den unklugen Gebrauch meiner übersinnlichen Fähigkeiten meinen gewaltsamen Tod selbst über mich gebracht hatte, bekam ich sehr viel Mut, meine Gaben in diesem Leben für andere einzusetzen, aber nur für Menschen, die es wollen, nicht für andere, von denen ich meine, sie müßten auf mich hören. Ich hatte mich wirklich daran erinnert, daß man jemanden nur lehren kann, wenn der Schüler bereit ist zu lernen und die Menschen nur von dir lernen, wenn du deine eigene Wahrheit auch lebst.

Zur Zeit meiner Sitzung hatte ich keine Vorstellung davon, als was für ein Geschenk es sich erweisen würde, diesen Schwur aufgelöst zu haben. Ich sah darin nur eine weitere schwierige Lektion, ein weiteres Kapitel meiner dunklen Vergangenheit, das ich ausgegraben hatte. Die dadurch bewirkten Veränderungen wurden mir erst bewußt, als ich, wieder zu Hause in England, anfing, den gleich folgenden Bericht über Meerjungfrauen zu schreiben. Anstatt wie üblich alles wegzulassen, was irgendwie mit mir zu tun hatte, merkte ich auf einmal, wie ich ganz von selber beschrieb, wo ich mich gerade befand, was ich machte und warum, und versuchte, alles zu erwähnen, was irgendeinen Leser womöglich interessieren könnte. Das Ganze war so viel offener und informativer. Keine Geheimnistuerei mehr. Ich dachte darüber nach, was Linda über das erste Manuskript gesagt hatte. Sie hatte gemeint, ich bräuchte einen Ghostwriter, der die Szenen für mich beschrieb, so daß die Leser verfolgen könnten, wie diese Dinge entstanden waren. Ich bräuchte mehr Material, meinte sie, und ich müßte viel mehr über mich selber schreiben. Davor hatte ich mich wirklich gefürchtet. Ich hatte geglaubt, es sei nur die Angst, man würde sich über mich lustig machen, die mich davon abhielt, aber nach Wäggis sah ich, daß es noch etwas anderes war. Wenn ich von meinem eigenen Kampf erzählte und wie mir geholfen worden war, tat ich wirklich etwas, um der Menschheit zu helfen, aber in meinem Unterbewußtsein saß ja der Schwur, das nie wieder zu tun.

Ich schaute mir mein Manuskript noch einmal an. Es las sich wie eine Einkaufsliste. Es war nichts da, was die einzelnen Botschaften miteinander verband. Wie um alles in der Welt sollte ich daraus eine lesbare Geschichte machen? Die Antwort darauf kam mir in der Badewanne. Ich sah eine goldene Kette vor mir, in der das fehlende Glied gerade eingefügt wurde, und eine Stimme sagte: "Das fehlende Glied bist du!" Das war es also! Linda hatte mir vor Monaten schon gesagt, die Tiere wollten, daß ich mehr über mich schreibe, aber ich hatte mich einfach nicht dazu bringen können. Zu veröffentlichen, was die Tiere zu sagen hatten, war ganz in Ordnung. Ich wollte ihnen wirklich gern helfen, und auch der Natur und dem Planeten. Ich wußte, daß die Menschen erzogen werden müssen, da sonst der Planet, die Tiere und die ganze Natur weiter leiden würden. Der Mensch als das destruktivste Wesen auf dem Planeten brauchte dringend eine Bewußtseinserweiterung und mehr Wachheit. Ich sah das wohl, aber die Tiere sollten es machen, dachte ich. Wenn sie der Menschheit helfen wollten, war ich gern ihre Schreiberin, das war in Ordnung, denn ich brauchte wirklich eine Daseinsberechtigung. Aber jetzt war es anders. Alles schien verändert. Ich war bereit, mich viel persönlicher zu engagieren. Meine höchste Verpflichtung in diesem Augenblick meines Lebens war eindeutig, das Buch neu zu schreiben. Die sorgfältig notierten Botschaften würden unverändert bleiben, aber vieles mußte erklärt werden, und als ich mich daran machte, eine vollständigere Einleitung zu schreiben, purzelten die Worte nur so aus der Schreibmaschine. Ich sah auf einmal, wie wichtig es war, daß die anderen mich nicht für eine Art Engel in menschlicher Form hielten, sondern sahen, daß ich jemand war, der ganz menschlich litt und jede Menge Fehler machte. Ich wollte deutlich machen, wieviel Hilfe ich selbst gebraucht und bekommen hatte und daß ich gerade erst am Anfang stehe. Ich wünsche mir, daß meine Geschichte anderen Hoffnung macht und daß meine Leser vielleicht nicht ganz so viele Fehler zu machen brauchen wie ich, sondern aus meinen etwas lernen können. Ich möchte alle wissen lassen, daß es immer wieder einen Weg nach oben gibt, wie tief man sich auch hat sinken lassen. Man braucht sich nur entschließen, ihn zu gehen, und das Glück ist da. Dieser Weg ist als der geistige Weg bekannt. Er kann steil und schwierig sein, aber je höher man klettert, desto heller wird das Licht, und je größer der Kampf, desto größer der Lohn. Der Schmerz hört vielleicht nicht auf, aber es ist niemals mehr, als man verkraften kann. Und obwohl ich noch einen langen Weg vor mir habe, bereue ich keinen Schritt, den ich bisher gegangen bin.

24

Meerjungfrauen in der Schweiz

Oft geschieht etwas, was dann den Anstoß zu etwas anderem gibt. In diesem Fall ging es um Meerjungfrauen. Das "Etwas" war ein Gespräch mit Chris Griscom während einer unserer Frage- und Antwortstunden. Der Gedanke, sie wegen der Meerjungfrauen zu fragen, kam mir so plötzlich, daß ich gar keine Zeit hatte, mir zu überlegen, wie fehl am Platze diese Frage wohl in einem Seminar für Geschäftsleute sein mochte. Ich fragte also nicht: "Was soll ich tun, um mehr Kunden anzuziehen und reicher oder bekannter zu werden " , was eine sehr angemessene Frage gewesen wäre, sondern statt dessen drängte mich eine innere Stimme so heftig und so plötzlich zu fragen: "Könnten Sie vielleicht ein paar Worte über Meerjungfrauen sagen?", daß die Frage schon heraus war, bevor ich noch darüber nachdenken konnte. Ich täusche mich vielleicht, aber ich hatte das Gefühl, daß Chris etwas verwundert aussah. Vielleicht machte sie auch nur eine Pause, um zu überlegen, was sie darauf sagen sollte. Ich saß da und fragte mich, ob sie mich wohl ernstnehmen würde, aber mir war es ganz ernst mit meiner Frage. Linda war der einzige Mensch, mit dem ich mich jemals getraut hatte, über Meerjungfrauen zu sprechen, deshalb war ich, als Chris einen Moment mit ihrer Antwort zögerte, ziemlich besorgt. Sie sprach zuerst von Wesen aus der Zeit von Atlantis, des verlorenen Kontinents, der im Atlantischen Ozean versunken ist. Diese Wesen seien halb Mensch, halb Tier gewesen, sagte sie, aber Meerjungfrauen seien etwas ganz anderes. Sie machte eine Pause und schaute mich an. Ich wußte nicht warum, dachte mir aber, daß sie vielleicht sehen wollte, ob ich skeptisch war oder nur aus Neugier fragte, ohne ein echtes Interesse an solchen Dingen zu haben. Ängstlich besorgt, ihr zu versichern, daß das nicht der Fall und daß diese ungewöhnliche Frage außerordentlich wichtig für mich war, da ich wenige Menschen kannte, denen ich eine solche Frage stellen konnte, ganz zu schweigen von der Bestätigung für mein eigenes Erleben, das ich so dringend brauchte, sagte ich, ich frage deshalb, weil mich zweimal Meerjungfrauen besucht hätten. Sie antwortete mit solch eindeutigem Ernst, daß es eine wundervolle Gabe sei, mit anderen Wesen kommunizieren zu können, daß ich wußte, daß meine Frage an die richtige Person gekommen war. Tief dankbar dafür, daß sie meine Kommunikationen mit den Meerjungfrauen für wahr hielt und sie auch noch wunderbar fand, wurde ich viel offener dafür, weitere Botschaften von ihnen zu empfangen.

Später an diesem Abend lag ich auf meinem Bett im Hotelzimmer und las in einem Buch über Farben und Aura, als mir bewußt wurde, daß ich Gesellschaft hatte. Ein Stück weit zu meiner Linken sah ich eine Meerjungfrau. Ich konnte eigentlich nicht alles von ihr sehen, weil von ihrem Solarplexus so viel Licht ausstrahlte, daß der mittlere Teil ihres Körpers nicht sichtbar war. Sie saß auf einem Felsen außerhalb des Wassers. Es war Nacht, und ich konnte den Ozean sehen, der sich hinter ihr erstreckte, Felsen, die hier und da aus dem Wasser ragten, und das Mondlicht, das auf dem Wasser glitzerte. Ich schaute sie direkt an und sah, daß sie mir jetzt einen Strahl von sehr hellem, hochintensivem Licht sandte, obwohl ich das erst später verstand, als Chris mir sagte, was es war. Es schien direkt in meinen Körper hineinzugehen und machte mir Angst. Ich hatte nie zuvor so etwas erlebt. Das Licht einer Taschenlampe zum Beispiel ist stark, wenn es aus der Lampe austritt, zerstreut sich aber dann in viel diffuseres Licht, das einen desto weiteren Raum erfaßt, je weiter es von der Taschenlampe entfernt ist. Das Licht der Meerjungfrau war anders. Es war an der Basis nicht rund, sondern viereckig, und es breitete sich mit der Entfernung nicht aus, sondern hatte da, wo es in meinen Körper eintrat und da, wo es aus ihrem Körper austrat, denselben Durchmesser, und nichts von seiner Intensität war verlorengegangen. Chris hatte uns an diesem Tage gesagt, um mit Angst besser fertigzuwerden, könne man zum Beispiel seine Aura erweitern. Das tat ich also und schickte meinerseits ein diffuses weißes Licht zu ihr hinüber.

Inzwischen schickte sie mir Lichtblitze, was mich ziemlich verwirrte. Nach einer Weile hörte das auf, und ich dachte daran,daß man ja Farben zur Kommunikation benutzen kann, und fragte daher das Höhere Selbst der Meerjungfrau, was für eine Farbe sie gern von mir hätte. Zu meinem großen Entzücken antwortete sie. Dann folgte ein kurzer Abschnitt, wo wir uns abwechselnd Farben zusandten. Es geschah alles so schnell, daß ich mich nicht erinnern kann, wer wem was schickte oder in welcher Reihenfolge die Farben kamen. Ich kann mich nicht an irgendwelche Rosa- oder Rottöne erinnern, aber die letzte Farbe war Gold. Vielleicht war es die Meerjungfrau, die sie mir schickte, darüber bin ich mir jedoch nicht sicher. Inzwischen fühlte ich mich viel unbefangener ihr gegenüber, meine Angst war völlig verschwunden, und ich hatte daher die Geistesgegenwart zu fragen: "Was hat das alles zu bedeuten?" Als Antwort zeigte sie mir eine ganz zarte und verschlungene goldene Brücke. Ich sah darin ein Symbol für die Brücke des Bewußtseins zwischen ihrer Realität und der meinen. Sie gab mir zu verstehen, daß die verschiedenen Bewußtseinsbereiche zusammenkommen müssen, um ihre Kraft auf dem Planeten zu stärken. Es hat etwas damit zu tun, diese Realität zusammenzuhalten. Dann merkte ich, daß ich das ganze Bild durch eine Lücke in einer Mauer betrachtete, die die Trennung zwischen ihrer Dimension und der meinen gewesen war. Das Bild verblaßte, und sie verschwand.

Am Tag darauf war ich voller Zweifel und Fragen und beschloß, mit Chris über mein Erlebnis zu sprechen. Während der Sitzungen hatten einige von uns, darunter ich, nicht nur an vergangenen Leben, sondern auch an der Befreiung von Energien gearbeitet, die uns besetzt halten. Das kann verschiedene Formen annehmen. Chris meint, wir alle seien gewöhnlich auf die eine oder andere Weise besetzt, selbst wenn wir uns dessen, wie es meist der Fall ist, nicht bewußt sind. Es können astrale Energien sein, die uns besetzen, oder auch Gedankenformen, die in der Atmosphäre vorherrschend sind und sich an den Emotionalkörper hängen und dann einen starken Einfluß auf unser Denken und unser Verhalten ausüben. Um da sein zu können, nehmen diese Energien jede Mühe auf sich, ihre Anwesenheit durch die verschiedensten schlauen Täuschungsmanöver zu verbergen. Deshalb war meine Frage an Chris bezüglich der Meerjungfrau: "Kann es sein, daß es sich dabei um eine solche Wesenheit gehandelt hat, die ich so schnell wie möglich hätte wegschicken sollen, oder war es wirklich eine Meerjungfrau, wie es aussah, so daß ich sie willkommen heißen sollte, und wie kann ich den Unterschied feststellen?" Schließlich, so dachte ich mir, könnte so ein schlaues astrales Wesen ja, wenn es herausbekäme, daß ich astrale Wesenheiten wegschicke, aber Meerjungfrauen sehr gerne mag, sich klugerweise als Meerjungfrau verkleiden. Chris erklärte, daß besetzende Wesenheiten (oder Energien) immer da seien, weil sie etwas haben wollten, wohingegen diese Meerjungfrau nur ein kurzzeitiger Besuch sei, der wegen etwas anderem gekommen und ganz in Ordnung sei. Das hochintensive Licht, das sie mir schickte, hat eine sehr schnelle Schwingung und kann ziemlich erschreckend sein, da es die Shakti (reine göttliche Energie) erregt, die die Wirbelsäule entlang auf- und abläuft. Auch wäre es besser gewesen, wenn ich das weiße Licht einfach ausgestrahlt hätte, anstatt es direkt auf sie zu richten.

Nun, wo ich wußte, daß hochintensives weißes Licht etwas Gutes ist, löste sich noch eine meiner Ängste auf.

25
Eine seltsame Mischung

Mein Leben nach Wäggis verlief außergewöhnlich hektisch, deshalb dauerte es eine ganze Weile, bis ich wieder an das Buch denken konnte oder auch nur Zeit hatte, viel zu meditieren, aber Mitte November war wieder alles mehr oder weniger normal, und ich bekam ein paar Besuche von den Tieren.

Eines der merkwürdigsten Erlebnisse hatte ich eines Abends beim Tanzen. Ich zünde mir oft vor dem Schlafengehen eine Kerze an, ziehe die Vorhänge zu, lege irgendeine Musik auf, nach der mir gerade der Sinn steht, und bewege mich dazu. Ich lasse entweder meinen Körper einfach genau das tun, was er gerade möchte, oder versuche, ihn die Musik ausdrücken zu lassen, so daß ich das Gefühl bekomme, daß die Musik meinen Körper bewegt, oder eine Mischung von beidem. Ich kann dadurch wunderbar Spannungen abbauen und mich körperlich wirklich gut fühlen, und meistens werden auch die Gedanken still. Das Beste daran ist aber, daß es mir Spaß macht.

An diesem Abend hatte ich noch nicht länger als fünf Minuten getanzt, als ich überall um meine Schultern und meinen Rücken hinunter kleine leuchtende Lichtpunkte bemerkte, die durch Lichtlinien miteinander verbunden waren. Es sah aus wie Energiewege, die um meinen ganzen Körper herumliefen. Nach einem Augenblick wurde mir klar, daß es die Akupunkturmeridiane sein mußten und daß die kleinen Lichtpunkte Akupunkturpunkte waren. Ich weiß, daß es sie überall auf dem Körper gibt, aber ich sah sie nur an den erwähnten Stellen. Was mich nun am meisten faszinierte, war, daß die Lichter um so heller leuchteten, je mehr ich mich bewegte und je lebendiger ich mich fühlte. Es war, als ob mein Körper erwachte und lebendig wurde. Ich blieb nur etwa ein bis zwei Minuten lang so eingestimmt, aber das Ganze war ganz und gar spontan geschehen. Es wäre mir nicht in den Sinn gekommen, nach so etwas zu suchen. Ich finde auch so merkwürdig, daß ich, soweit ich das beurteilen kann, ganz und gar in meinem Körper blieb und dennoch alle Meridiane sehen konnte, als ob ich hinter mir stünde. Ich kann so etwas nicht willkürlich hervorrufen; es geschieht entweder oder es geschieht nicht.

Noch immer im November sah ich eines Tages, als ich im Haus umherwanderte, auf einer grasbedeckten Lichtung, von Bäumen umgeben, eine kleine Herde schwarzweißer Kühe vor mir. Sie standen einfach nur da und schauten mich an. Sie sahen geradezu unwiderstehlich schön aus. Das Bild verblaßte, und ich fuhr mit meinen Hausarbeiten fort. "Kühe!" dachte ich, "wie ungewöhnlich! Die habe ich noch nie gesehen."

Das nächstemal, als sie kamen, war ich beim Meditieren. Es war nur ein kurzer Besuch, aber diesmal hatten sie etwas zu sagen. Sie waren in Sorge darüber, wie die Kühe von den Bauern gehalten werden. Es sei alles so falsch, so unmoralisch, sagten sie. Sie beklagten sich nicht darüber, gegessen zu werden, wie man vielleicht meinen könnte, sondern über die Ausbeutung der Natur, die in der Landwirtschaft geschieht, den übermäßigen Gebrauch von Steroiden, Antibiotika und über die zu enge Haltung der Tiere in überfüllten Ställen und andere unmenschliche Dinge, die in der Tierhaltung geschehen, anstatt daß man die Tiere ein natürliches Leben auf der Wiese führen läßt. Schlachthöfe, das ist bekannt, sind oft grausam, weil den Tieren kein Mitgefühl und Verständnis entgegengebracht wird, aber zwischen ihrer Geburt und dem Schlachthaus geschieht auch sehr viel Schlimmes und Unmoralisches. Ich hätte dies alles in ihren eigenen Worten niedergeschrieben, aber sie benutzten keine Worte. Es war eine wortlose telepathische Kommunikation, deshalb mußte ich sie in meinen eigenen Worten niederschreiben.

Anfang Dezember tauchten ein paar Meeresschildkröten auf. Zuerst kam nur eine. Sie kam auf mich zu, hielt vor mir an und sagte: "Ich komme aus dem Meer, und wir werden übersehen." Das bedeutete wohl, daß nicht genug darauf geachtet wurde, daß es ihnen gutging und ihre Art erhalten blieb. “Die Fischernetze sind eine Gefahr für uns”, fügte sie hinzu. Ich war fasziniert von ihren Augen. Sie sah mich wirklich so fragend an. Als ich eine Schildkrötenmutter mit ihren Babys hinter sich sah, wurde mir klar, daß sie mir symbolisch etwas sagen wollte, denn ich war mir ziemlich sicher, daß die Schildkrötenbabys ihrer Mutter nicht auf diese Weise folgen, aber so konnte ich leichter verstehen, was sie meinte. Die Schildkrötenbabys müssen in verschmutztem Wasser aufwachsen, das sie vergiftet. Wir sollen uns mehr um das Meer kümmern.

26

Noch einmal Meerjungfrauen

Oft kamen mir in dieser Zeit im November/Dezember 1990 Meerjungfrauen in den Sinn. Manchmal fühlten sie sich ganz fern an, so daß ich mir gar nicht sicher war, ob sie tatsächlich da waren oder nicht. Manchmal waren es klarere oder sogar sehr klare Bilder. Ich sah sie in vielen verschiedenen Farben, das heißt, nicht nur in den Blau- und Grüntönen, die ich früher mit ihnen assoziiert hatte, sondern auch in warmen Farben.

Eines Abends zu Hause sah ich eine Meerjungfrau auf dem Felsen sitzen, die Sonne im Hintergrund, und im Meer um die Felsen herum sprangen viele Fische aus dem Wasser herauf. Ein andermal bekam ich wieder Licht geschickt, aber es war nicht so stark wie beim ersten Mal. Das Licht hatte auch eine andere Form; es kam nicht aus etwas Viereckigem, sondern aus einem Dreieck.

Bei einer Begegnung, die erst kürzlich stattfand, schienen wir uns auf dem Grund des Ozeans zu befinden, mit Korallen überall um uns her. Die Seejungfrau hielt einen wunderschönen Kristall in der Hand und lud mich ein, in ihn hineinzugehen. Nun war ich schon einmal in einer anderen Dimension in einen Kristall hineingegangen, damals, als ich mit *Wilderness* durch den Wald geritten war, aber da hatte mich eine äußere Kraft in den Kristall hineinbefördert. Ich hatte keine Ahnung, wie es geschehen war, und wußte daher nicht, wie ich diese Erfahrung wiederholen sollte. Da saß ich also vor ihr, schaute den Kristall in ihrer Hand an und fragte mich, wie ich hineingelangen sollte. "Versuch mal, von innen aus ihm herauszuschauen", riet sie mir. Ich versuchte es, und sofort war ich drinnen. Es war ein schöner Kristall, ganz anders als der blaue, in dem ich vorher gewesen war. Dieser hatte sowohl eine Art fließender Qualität als auch Frieden und Stille in sich. Er war hauptsächlich farblos, außer an den Rändern, wo ich durch ganz zarte Pastelltöne hinausschaute. Als meine Neugier befriedigt war, schwebte ich ganz automatisch wieder aus ihm hinaus. Ich schien einige Zeit mit ihr tief unten im Wasser zu verbringen, währenddessen keine Worte gesprochen wurden Es war wie ein heiliges Zusammensein. Am Ende wurde mir klar, daß ich wußte, was sie war. Beim ersten Besuch einer Meerjungfrau hatte ich ja nicht geglaubt, daß es sie gibt, und hatte folglich nie überlegt, was für eine Art von Existenz sie eigentlich führen. Der erste Schritt war gewesen, überhaupt anzuerkennen, daß sie real waren.

Das hatte ich mit ihrer Hilfe geschafft, aber ich wußte immer noch nicht, welcher Realität sie angehörten. In welcher Dimension lebten sie? Vielleicht auf irgendeinem anderen Planeten? Was machten sie, wozu waren sie da? Es gibt sicher noch unendlich viel über sie zu erfahren, aber nach dieser letzten Begegnung im Wasser hatte ich das Gefühl, daß sie so etwas wie Elfen sind, wie Naturgeister des Wassers, die nach den Fischen sehen. Es gibt sie jetzt, heute, aber sie sind nur so sichtbar wie die Landelfen. Man kann sie vielleicht als Meeresgeister bezeichnen.

Dies leitet so natürlich in das Elfenreich über, daß das nächste Kapitel einfach von Elfen handeln muß.

27
Elfen

In meinem Garten war einiges zu tun, daher beschloß ich eines schönen Novembernachmittags, hinauszugehen und ein wenig aufzuräumen. Eines meiner wichtigsten Vorhaben war, die Kapuzinerkresse auszureißen. Ich hatte nur einmal Kapuzinerkresse in meinem Garten angepflanzt, und das war etwa fünf Jahre her, aber obwohl sie jeden Winter mit dem Frost abstirbt, läßt sie jede Menge Samen zurück und kommt auf diese Weise im nächsten Sommer zahlreich wieder. In diesem Jahr war sie besonders üppig, und nachdem der Frost ihnen noch nicht geschadet hatte, bedeutete ihre Angewohnheit, sich überall auszubreiten und an allem hochzuklettern, was sie finden können, daß einige andere Pflanzen, die unter ihnen wuchsen, wahrscheinlich nie blühen würden, weil sie nicht genug Licht bekamen. Deshalb wollte ich sie loswerden, und zwar so bald wie möglich, nämlich an diesem angenehm warmen Nachmittag, wo man noch nicht riskierte, bei der Arbeit einzufrieren. Die Blätter der kleinen Blumen unter der Kresse sahen ziemlich gelb und dürftig aus, aber ich wußte, daß sie sich rasch erholen würden, wenn sie mehr Licht bekamen. Schließlich sah alles ordentlich aus, und ich ging ins Haus.

An diesem Abend war ich nicht allzu überrascht darüber, die Kapuzinerkresse in meiner Meditation auftauchen zu sehen. Es kommt oft vor, daß die Unkräuter oder Pflanzen, die ich ausgerissen habe, mich früher oder später besuchen. Zuerst hatte ich immer das Gefühl gehabt, sie verfolgten oder quälten, weil ich sie ermordet hatte, aber später wurde mir klar, daß sie sich einfach verloren und verwirrt fühlten, und sprach mit ihnen. Ich dankte ihnen für ihr kurzes Leben auf diesem Planeten und daß sie geholfen hatten, die Luft für alle zu verbessern, indem sie durch ihre Photosynthese Kohlenstoff aufnahmen und Sauerstoff abgaben, und erklärte ihnen dann, daß ich in meinem Garten etwas anderes anpflanzen wollte und daß ihr Platz in diesem Augenblick woanders auf dem Planeten sei, auf einem Feld oder einer Gemeindewiese oder irgendeinem Fleck unkultivierter Erde, wo sie zum Reichtum der Flora beitragen würden. "Jetzt, wo ich euch jedoch aus der Erde genommen habe, ist es am besten für euch, die physische Form so bald wie möglich zu verlassen", fuhr ich gewöhnlich fort, "und euch dem Gruppenbewußtsein der Pflanze anzuschließen, um euch bestmöglich weiterzuentwickeln. Kehrt zum Licht zurück, dahin, wohin die Pflanzen gehen", riet ich ihnen. Gewöhnlich waren sie damit zufrieden und gingen.

Mit der Kapuzinerkresse war es anders. Ich wollte gerade anfangen, ihr meine übliche kleine Ansprache zu halten, um ihr auf den Weg zu helfen, als in der Mitte der robustesten Pflanze (ich wußte genau, welche es war) eine kleine Elfe auftauchte. Darauf war ich nicht gefaßt! Ich wohne am Stadtrand, in einer schönen, ruhigen Gegend, aber ganz eindeutig nicht auf dem Land. Ich hatte irgendwo gehört oder gelesen, daß Elfen oder Naturgeister sich selten in die Städte wagen, weil die Luft dort so schmutzig und die Schwingung für Elfen einfach nicht passend ist, so daß die Pflanzen alleine zurechtkommen müssen. Das hatte ich gehört.

Diese Elfe verstand offensichtlich nicht, wieso ich in ihre kleine Welt eingedrungen war und die Kapuziner vor ihrer Zeit herausgerissen hatte. Ich erklärte ihr alles und fragte sie, ob sie sich vielleicht um eine noch ziemlich junge und schwächliche Heidekrautpflanze kümmern wolle, die ich besonders liebte. Ich saß zwar drinnen im Haus auf dem Fußboden und konnte das Heidekraut nicht sehen, aber ich konnte ihr ganz leicht erklären, welche Pflanze ich meinte, indem ich einfach an sie dachte und so ihr Bild in meinem Bewußtsein entstehen ließ. Sie war zu traurig darüber, daß ich ihr Reich zerstört hatte, als daß ich hätte sehen können, ob sie meinen Vorschlag annahm oder nicht.

Zwei Abende später verband ich mich in der Meditation wieder mit ihr und beschloß, sie zu fragen, ob sie sich nun des Heidekrauts angenommen hatte oder nicht. Sie zeigte mir die Heidepflanze und lenkte meine Aufmerksamkeit auf einen Tautropfen an einem der kleinen Zweige. Er war voll der wunderschönsten Farben, und ich spürte, daß ihr Bewußtsein in diesem Tropfen war. Dann zeigte sie mir, wie sie Energie aus der Erde herauf in das Heidekraut zog. Ich dankte ihr. Ein paar Tage später, als ich draußen im Garten war, bemerkte ich, daß das Heidekraut viel lebendiger aussah.

22. 11. 1990

"Erntedank-Tag" in den Staaten. Das hörte ich von Linda Tellington-Jones' Anrufbeantworter. Wie immer konnte ich sie nicht sofort erreichen. Schließlich schaffte ich es jedoch und konnte so auf eine Postkarte antworten, die ich schon vor langer Zeit von ihr bekommen hatte, und außerdem ein paar Fragen stellen. Aus irgendeinem Grunde erzählte sie mir plötzlich von einem wunderschönen Erlebnis mit Elfen. Ich erzählte ihr dafür von der kleinen Elfe, die sich um mein Heidekraut kümmerte. Linda war davon sehr berührt und meinte, wie wunderbar es sei, mit ihnen zu sprechen, weil wir so Mißverständnisse vermeiden könnten. "Schließlich war die kleine Elfe traurig, weil sie nicht verstehen konnte, warum du ihre Welt zerstört hattest", sagte sie.

Wenn man bedenkt, daß die meisten Menschen noch nicht einmal glauben, daß es Elfen überhaupt gibt, kann man sich gar nicht vorstellen, wie sehr wir unsere Beziehungen zu den anderen Reichen ständig schädigen. Kein Wunder, daß geglaubt wird, daß Elfen selten in Städten leben.

Später am Abend setzte ich mich, um etwas Zeit zu sparen, zum Meditieren in ein Bad mit Epsom-Salz (gut gegen Muskelkater nach einem Tag harter körperlicher Arbeit, aber anstrengend, wenn man es zu oft macht, finde ich). So mußte ich nicht für beides Zeit finden. Sobald ich mich etwas eingestimmt hatte, hörte ich das Wort "Elfenkönigin" und sah gleichzeitig das Bild einer riesigen Elfe vor mir. Sie hatte dunkles Haar und war weiß gekleidet. Sie saß nicht ganz in der Badewanne mit mir, dafür war nicht genug Platz, aber beinahe. In der Hand hielt sie einen glänzenden Zauberstab, mit dem sie einen Kreis in die

Luft malte, etwa dreißig Zentimeter im Durchmesser. Der Kreis war aus silbernem Licht, und ungefähr zwölf kleine funkelnde Sterne waren in Abständen darauf verteilt. Sie sagte nichts darüber. aber irgendwann einmal habe ich ganz sicher den Ausdruck "Elfenring" gehört. Dann sprach sie:

"Heute abend waren wir mit dir am Telefon.
Wir hörten zu
und stimmen zu.
Euch beiden danken wir und all den anderen,
die so denken und handeln wie du."

Ich dankte ihr und sagte ihr, wie sehr ich mich über ihre Worte freute. Ich finde diese Art von Kommunikation immer sehr bewegend.

28 Galisteo

Als ich an meinem Buch weiterarbeitete und hinzufügte, wo etwas hinzuzufügen war, und auch neues Material zusammenstellte, bekam ich das Gefühl, es würde sich lohnen, wieder einmal einen Kurs am Light-Institute mitzumachen für den Fall, daß noch mehr unentdeckte Blockaden da waren, die meine Bemühungen zunichte machen konnten. Die früheren Sitzungen in Wäggis waren für das Buch so wichtig gewesen, daß es jetzt auf keinen Fall mehr scheitern durfte, besonders nachdem ich noch so viel mehr Arbeit hineingesteckt hatte. Aus diesem Grunde plante ich, auch wenn es ein bißchen schnell auf die ersten Sitzungen folgte, eine Reise nach Galisteo, dem Heimatort des Light-Instituts, im Januar 1991.

Dieser Plan hatte einen zweifachen Sinn. Es ging nicht nur um meine Entwicklung und die des Buches, sondern ich hatte auf diese Weise auch einen Termin, bis zu dem ich das Buch fertig haben wollte. Ich fand, daß ich nicht um Rat oder Kommentare für etwas bitten konnte, was erst teilweise fertig war; deshalb mußte es (zum zweitenmal) vollendet sein, bevor ich in die Staaten fuhr. Ich arbeite besser, wenn ich ein wenig Zeitdruck habe, und aus lauter Angst, es nicht rechtzeitig fertig zu haben, schaffte ich es tatsächlich früher als nötig. Als ich also bei einer Freundin zum Essen eingeladen war, deren Freund, wie ich wußte, unter anderem gut Kaninchen malen konnte, nahm ich das Manuskript mit, um ihn zu fragen, ob er vielleicht ein paar Illustrationen machen würde. Er lehnte ab mit der Begründung, nicht genug Zeit zu haben, aber beide wollten das Buch gern sehen. Ich holte es aus dem Auto, aber die ganze Zeit, während sie es anschauten, war ich bemüht, sie von der Einleitung weg zum eigentlichen Inhalt zu dirigieren. Beide schienen viel mehr daran interessiert, die schrecklichen Dinge aus meiner Vergangenheit zu lesen als das, was die Tiere sagten. Ich war sehr erleichtert, als sie mir das Buch zurückgaben, aber ich hatte etwas Wichtiges entdeckt. Ich hatte wirklich Angst davor, meine dunkleren Geheimnisse mit anderen Menschen zu teilen. Es zeigte mir, daß ich noch immer nicht annehmen konnte, daß Leute mich lieben und akzeptieren würden, wenn sie alles über mich wußten. Ich konnte mir nur entweder/oder vorstellen. Ganz gewiß wurde ich als Mensch unglaubwürdig, wenn meine Vergangenheit bekannt wurde. Ich hatte zwar (dank Wäggis) gelernt, alles aufzuschreiben, aber die Vorstellung, jemanden lesen zu lassen, was ich geschrieben hatte, jagte große Mengen Adrenalin durch meinen Körper. Galisteo war nicht länger etwas für alle Fälle, sondern war über Nacht ausgesprochen **wesentlich** geworden.

Ich hatte das Buch am 29. Dezember fertiggestellt und war am folgenden Abend zum Essen gegangen, in der Hoffnung, dort einen Illustrator zu finden. Nur zwei Tage später, am 1. Januar, sollte ich einen finden.

Ich war beim Meditieren. Ich öffnete mich, um zu sehen, ob außer mir noch jemand anderer da sei. Ich sah viele Pinsel in allen Größen und Formen. Auch ein Stift zum Konturenzeichnen war da. Sie standen da neben einem offenen Wasserfarbenkasten, der eine schöne Auswahl leuchtender Farben enthielt. Davor saß ein graues Kaninchen und schaute sie an. Über seine Schulter hinweg ließ es mich wissen: "Ich werde dir zeigen, wie man diese Sachen malt. Ich helfe dir."

Mir dämmerte, daß *ich* der Illustrator sein würde. Ich hatte seit dem Alter von siebzehn Jahren keine Wasserfarben mehr angerührt und war noch nie gut im Zeichnen gewesen, aber es hatte mir Spaß gemacht, damit herumzuprobieren. Diese letzte Information enthüllte, daß nicht ein Künstler der dritte sein würde, der an dem Buch arbeitete, denn ich selbst sollte ja der Künstler sein. (Der erste und letzte Künstler, der bei einem Kaninchen in die Lehre gegangen ist? Jedenfalls würde es spannend sein und Spaß machen!)

Am 8. Januar flog ich nach Santa Fé, wo ich während des Seminars im Nizhoni-Institute wohnen sollte. In dem Workshop ging es auch dieses Mal um Erfolg, aber er war nicht so auf Geschäftsleute ausgerichtet, sondern es ging mehr um Erfolg auf allen Ebenen des Lebens. Wir wohnten in der "Nizhoni-Schule für globales Bewußtsein" und wurden für unsere Sitzungen zum Light-Institute nach Galisteo gefahren.

Während einer meiner Sitzungen entdeckte ich, daß ich in einem früheren Leben ein Mönch gewesen war, der Buchstaben schön illuminiert und auch aus seinen Studien der Werke anderer einige philosophische Texte verfaßt hatte. Das waren gute Neuigkeiten. Die schlechte Neuigkeit war, daß er/ich schreckliche Angst davor hatte, irgend jemanden seine Arbeiten sehen zu lassen, weil er sich vor Kritik fürchtete und sich auch nicht helfen lassen wollte. Diese Tendenzen hatte ich eindeutig noch immer, daher brauchte ich die Sitzung, um diese Verhaltensmuster aufzudecken und zu erlösen.

In einem anderen Leben als Frau hatte ich in sehr engem Kontakt mit der Natur gestanden. Einige meiner Erlebnisse waren denen von Michael Roads sehr ähnlich, die er in seinem Buch "Reise in die Natur" beschreibt. Meine Erfahrungen waren ein wenig anders, aber als ich sie am Light-Institute wiedererlebte, konnte ich Michaels Geschichte besser nachvollziehen.

Als kleines Kind war ich damals viel im Wald gewesen und hatte die Waldtiere kennengelernt und mich mit ihnen angefreundet. Manche Rehe waren sehr zutraulich, und es machte mir großen Spaß, ihnen ihre liebsten Kräuter, Gräser und Blumen zum Fressen zu bringen. Ich war ihnen wirklich nahe und verstand ihre Sprache. Später in meinem Leben, nachdem verschiedene Erlebnisse mich den Menschen entfremdet hatten, kam immer so etwas wie ein Lichtstrahl von oben in meinen Körper herein, wenn ich draußen im Wald war, und danach nahm ich viel mehr wahr. Ich konnte zwei Dimensionen auf einmal erleben und sah die Energien um mich herum, die Lebenskraft und die Naturgeister oder das "Devareich", wie es auch genannt wird, und kleine funkelnde Feenlichter im Gras. Die Natur war auf diese Weise unglaublich schön anzusehen. Ich spürte ihre Stimmungen oder die des Waldes, spürte, ob er froh oder traurig war, und wenn die Stimmung sich veränderte, merkte ich es schon im voraus. Es war, als ob ich übersinnliche Antennen hatte, die in einige Entfernung hinausreichten. Ich war mir einer latenten

Energie am unteren Ende meiner Wirbelsäule bewußt. Die Energie der Natur floß in Wellen durch meinen Körper, und ich spürte das goldene Licht, das von oben durch mein Kronenchakra in mich eintrat und meine ganze physische Form erfüllte.

Ich möchte jetzt von meinem Tod in jenem Leben erzählen, denn ich fand es so faszinierend, wie leicht und reibungslos ich die Realität der Erde verließ, um in eine andere überzugehen.

Ich war eine Zeitlang nicht glücklich gewesen. Natürlich liebte ich den Wald, aber aufgrund meiner ungewöhnlichen übersinnlichen Fähigkeiten war ich sehr einsam. Eines Tages ging ich während eines starken Gewitters in den Wald, um mit der Natur allein zu sein. Ich stand neben meiner Lieblingseiche und merkte plötzlich, daß sie mir etwas geben wollte. Ich wußte instinktiv, daß es etwas war, was ich haben wollte, deshalb legte ich meine Hand auf den Baumstamm, um es entgegenzunehmen. Als der Blitz in den Baum fuhr, war auch ich blitzschnell gestorben. Mein physischer Körper fiel in Flammen zu Boden, und ich stand da und schaute zu, wie er zu meinen Füßen verbrannte. Als ich den Geist der Eiche aufwärts schweben und sein physisches Selbst, das in den Flammen verzehrt wurde, hinter sich lassen sah, spürte ich, daß es auch für mich Zeit war zu gehen, und ich schwebte mit dem Baumgeist nach oben, durch das tobende Gewitter hindurch. Die Wirklichkeit des Gewitters verblaßte, und schließlich fiel es ab wie ein Vorhang, der fällt. Ich war an einem anderen Ort. Den Baumgeist nahm ich nicht mehr wahr, aber dieser Ort war still und ruhig. Ein sanftes goldenes Licht war da, und ich befand mich in einem Garten voller Sommerblumen. Ich lag auf einer bequemen Liege, und neben mir stand ein schöner junger Mann, der mir sanft über den Kopf strich. "Schlafe und ruhe dich aus", sagte er, und so schlief ich.

Die Todesarten scheinen genauso unterschiedlich zu sein wie die Leben selbst!

Ich erlebte nicht nur viele Leben als Frau wieder, sondern bearbeitete auch verschiedene Leben als gräßliche Männer. Diese Leben kamen ziemlich langsam zum Vorschein, weil ich in meinem Emotionalkörper so viel Widerstand dagegen hatte. Während meiner letzten Sitzung spürte ich den Haß, den ich einmal nach meinem Tod auf die männliche Energie hatte, und wie ich nichts mehr mit Männern oder deren Energie zu tun haben wollte. Ich hatte in diesem Leben wie ein wahrer Macho gelebt und andere auf gefühllose Weise umgebracht und verletzt. Hinterher, als mir die Augen darüber aufgingen, wie grausam ich gewesen war, konnte ich mir nicht verzeihen und glaubte, daß ich als Frau nicht so schrecklich hätte sein können, und lehnte alles Männliche vollständig ab. Viel von dieser Ablehnung gegen männliche Energie war, teilweise abgemildert, auch in meinem jetzigen Leben in mir, aber ich war mir dessen nicht bewußt gewesen. Es lag, bis dieses und andere Leben zum Vorschein kamen, tief in meinem Unterbewußtsein begraben.

Ich mußte lernen, nicht zu urteilen. Ich mußte verstehen, daß der Sinn dieses Lebens gewesen war, Männer verstehen zu lernen, die sich so schlecht benahmen wie ich, und nicht, sie zu verurteilen. Schließlich hatte ich jetzt von innen gesehen und verstehen gelernt, wie und warum jemand, der seine weibliche, gefühlvolle und intuitive Seite blockiert, um dem Männerbild seiner Zeit gerecht zu werden, so grausam und gefühllos werden konnte. Ich mußte erkennen, daß der Unterschied zwischen den Geschlechtern eine Illusion ist. Der Unterschied besteht nur auf der körperlichen Ebene. Der Geist hat kein Geschlecht. Dies zeigt nur eine weitere Gefahr auf, wenn man sich mit dem Geschlecht eines bestimmten Lebens identifiziert. Es läßt die Leute glauben, sie seien entweder ein Mann oder eine Frau, anstatt zu erkennen, daß wir alle gleichzeitig beides und keines von beiden sind, je nachdem, wie man es betrachtet.

Inzwischen waren die Tiere nicht fern, und wer wollte wohl mit mir sprechen, wenn nicht das graue Kaninchen. "Diese Sitzung ist so wichtig, weil die Hälfte von uns männlich ist", sagte es, "und du arbeitest auch mit uns." Daran hatte ich nicht gedacht, aber es war nicht von der Hand zu weisen.

Ein paar Augenblicke später kamen Delphine daher, und ein Wal war auch bei ihnen. Einer der Delphine sagte: "Es war schwierig für uns, dich zu besuchen, als du noch die männliche Energie abgelehnt hast. Wir verstanden das zwar, aber wir sind aufgrund unseres Entwicklungsstandes sensibler als andere Tiere. Es ist wichtig, daß du das ans

Ende deines Buches stellst." Der Delphin kam näher und stupste mich sanft mit seiner Nase am Hals, und ich streichelte seinen Rücken. Leider mußte ich an dieser Stelle die Tiere verlassen, um weiter an meinen vergangenen Leben zu arbeiten.

Diese Botschaft erinnerte mich an eine andere, die ich am 12. Dezember bekommen hatte. Ich hatte in Michael Roads Buch "Reise in die Natur" das Kapitel über Delphine gelesen, das mich sehr fasziniert und mir eine Menge gezeigt hatte. Zweifellos hatte es mich auf das vorbereitet, was ich dann in der Meditation erlebte. Ein Delphin kam und schwamm um mich herum. "Du bist noch nie zu mir gekommen!" sagte ich vorwurfsvoll zu ihm. "Du warst nicht bereit für uns", erklärte er, sagte aber nicht, warum ich nicht bereit gewesen war. Dann sah ich einen gemischten Schwarm aus Delphinen, Seehunden und anderen Fischen um mich herum schwimmen.

Wenn ich meine Erfahrungen so als Ganzes betrachte, verstehe ich, wieso jeder von uns es sich selbst und der ganzen Schöpfung schuldig ist, mit sich selbst so gut wie möglich ins reine zu kommen. Mit der Hilfe des Kaninchens und des Delphins sah ich, daß die Arbeit an uns selbst dazu beiträgt, uns mit dem übrigen Bewußtsein zu verbinden, und so zu seiner Fähigkeit zum Guten beizutragen. Dank der Tiere erlebte ich dieses Zusammenkommen auf persönlicher Ebene.

Die dritte

Wie ich im Kapitel *AFRIKA* geschrieben habe, als die Elefanten mir sagten, drei Leute würden an diesem Buch beteiligt sein, kannte ich bereits zwei davon, nämlich Linda und mich, aber der/die dritte sollte noch ganze dreizehn Monate lang ein Geheimnis für mich bleiben. Jetzt, im Januar 1991, dreizehn Monate später, als ich die wichtigsten Seiten des Buches zusammenstellte, um sie zu fotokopieren und Chris Griscom zu geben, damit ich nötigenfalls verändern konnte, was ich Unzutreffendes über sie oder das Light-Institute geschrieben hatte, spürte ich irgendwie, daß daraus mehr werden würde als nur ein paar korrigierte

Seiten. Interessanterweise gab ich ihr, wie ich später merkte, aus Versehen mehr Seiten als nötig, so daß sie mehr davon sah, als eigentlich geplant war.

Als Chris mir die paar Seiten mit einigen hilfreichen Randbemerkungen zurückgab, bot sie mir an, ein kleines Vorwort dafür zu schreiben, wenn ich wollte. Das Gefühl, daß sie die dritte Person war, hatte sich in den letzten Tagen in mir verstärkt, und jetzt wußte ich es. "O ja, vielen Dank", sagte ich spontan. Was war aus meiner üblichen Unentschlossenheit geworden? Ich wußte einfach, daß es richtig war. Ich hatte diesmal nicht versucht, eine dritte Person auszusuchen, denn ich hatte das Gefühl gehabt, ich würde es entweder einfach wissen, oder die Tiere würden es mir, wenn nötig, sagen.

Natürlich mußte ich erst nach Hause fahren und noch ein wenig daran arbeiten, deshalb war die Zeit noch nicht reif dafür, daß tatsächlich jemand anderer etwas für mich schreiben konnte, aber ich fühlte mich sehr ermutigt, als ich wußte, welche Unterstützung ich bekommen würde.

29

Schwierige Arbeit und noch mehr Botschaften

Schwierige Arbeit

Orthographie ist nicht meine starke Seite, deshalb dachte ich nach meiner Rückkehr aus Galisteo an den Rat, den mir zwei Freunde unabhängig voneinander gegeben hatten, nämlich das Buch durch ein "Textverarbeitungssystem" laufen zu lassen. Ich hatte noch nie von so einem Ding gehört, aber mir wurde versichert, es erspare einem eine Menge Arbeit, mache eine gute Präsentation leichter und sei eigentlich unumgänglich, wenn man ein Buch schreiben wolle. Ich habe immer gefunden, daß eine gute Präsentation sehr wichtig ist, besonders wenn man etwas verkaufen will. Meine Erfahrungen in der Pferdewelt haben mich das gelehrt. Dann war da dieser verlockende Punkt, mir Arbeit zu ersparen, der dem faulen Teil in mir so gut gefiel, ganz abgesehen davon, daß weniger Arbeit bedeutete, mehr Zeit für andere Dinge zu haben und die verfügbare Zeit besser nützen zu können. Daher machte ich mich nach meiner Heimkehr so bald wie möglich auf den Weg, um ein solches Gerät zu erstehen. Ich mußte eines haben, koste es, was es wolle. Meine Mission rechtfertigte alles.

Der Verkäufer begriff sehr schnell, daß ich etwas Einfaches brauchte. Das einfachste Modell war allerdings gerade vor einer halben Stunde verkauft worden, und es konnte vielleicht lange dauern, bis er es wieder hereinbekam. Wir beschlossen also, daß ich besser das nächste Modell eine Preisklasse höher nahm, das zwar ein bißchen schwieriger zu bedienen war, dafür aber eine leichter zu lesende Druckschrift hatte. Ich fand das wichtig, denn welcher Verleger will sich schon durch das unklare und schwer leserliche Skript einer unbekannten Autorin durcharbeiten! Ich war entsetzt, als ich sah, wie groß das Ding war und wieviel Platz es in meinem kleinen Haus einnehmen würde, aber ich mußte es wohl so nehmen, wie es war, denn ich brauchte es und konnte es nicht kleiner machen. Beim Verlassen des Ladens fragte ich noch: "Es ist sicher eine Bedienungsanleitung dabei, nicht wahr?", und als das bejaht wurde, dachte ich, es sei alles in Ordnung.

Da es zum Tragen zu schwer war, lieferte mir einer der Verkäufer den Apparat abends nach Hause. Kurz darauf streckte ich meine Hand aus, um das am größten aussehende Teil aufzunehmen, und sprang erschrocken zurück. Ich spürte dieses schreckliche Kribbeln in meiner Hand, als ich mit dem elektromagnetischen Feld des Geräts in Kontakt kam. Es war nicht einmal eingesteckt, aber für mich war es wie ein elektrischer Schlag. Ich nahm meinen ganzen Mut zusammen und schaffte es, das Gerät trotz seines elektromagnetischen Feldes nach oben in mein Arbeitszimmer zu tragen, auch wenn ich ihm lieber nicht so nahe gekommen wäre. Es sollte nicht der letzte Schock sein. Den ersten bekam ich, als ich schließlich auf dem Boden einer der Schachteln die Gebrauchsanweisung fand. Ich hatte ein kleines Heftchen erwartet, etwas, was eine langsame Person wie ich in höchstens einer halben Stunde durchlesen konnte. Dieses Ding hatte 623 Seiten! Und die Anweisungen für den Drucker standen in einem Extrabuch! Ich ließ mich in den nächsten Sessel sinken, um mich von dieser Entdeckung zu erholen. Als ich da saß, bemerkte ich plötzlich auf dem Teil, das "Bildschirm" heißt, eine Aufschrift. "Personalcomputer Textverarbeitungssystem" stand darauf. "Computer!" dachte ich voller Entsetzen. Ich hatte immer gewußt, daß ich ganz sicher keine passende Mentalität für einen Computer hatte. Ich war dafür nicht mit der richtigen Art von Gehirn ausgestattet, und ich hatte sogar von Leuten gehört, deren Bücher in Computern verlorengegangen waren. Einen Computer hätte ich ganz sicher nicht gekauft, aber von einem Computer war ja auch gar nicht die Rede gewesen. Ich hatte gedacht, daß ich nur ein harmloses Ding mit Namen "Textverarbeitungssystem" kaufte. Das änderte nun allerdings nichts. Da stand er, komplett mit dem phantastischen Anleitungsbuch, bezahlt, auf meinem Arbeitstisch vor mir, und ich saß auf der Stuhllehne, so weit wie möglich von seinem elektromagnetischen Feld entfernt. "Irgendwie werde ich mich damit wohl anfreunden müssen", dachte ich. "Schließlich wird er wunderbare Arbeit für mich leisten." Während der nächsten zehn Tage verbrachte ich, wenn ich nicht bei den Pferden war, soviel Zeit wie möglich damit, zu lernen, mit dem Computer umzugehen und mich an seine Gegenwart in meinem Haus zu gewöhnen. Zweimal rief ich in dieser Zeit den Verkäufer an, zuerst, um ihm zu sagen, mit den Anschlüssen stimme etwas nicht, und später, um ihn zu bitten, mir einen anderen Drucker zu schicken, da dieser eindeutig nicht in Ordnung sei. Er war sehr geduldig mit mir, und schließlich, nachdem ich seine telefonischen Ratschläge befolgt hatte, entdeckte ich, daß dem Gerät nichts fehlte, sondern nur Helena nicht richtig funktionierte.

Da ich noch nie etwas mit Computern zu tun gehabt hatte, stieß ich früher oder später auf jedes Problem, das man dabei haben kann. Ich wußte nie, was schließlich nach langem Kampf gestern das Problem gelöst hatte. Schließlich kam jedoch der Tag, wo ich mich bereit fühlte, das "Risiko" einzugehen und mein Buch zum Redigieren, Vervollständigen und Drucken in den Computer einzugeben. Er hat ein Rechtschreibeprogramm, und als ich sah, wie viele Wörter ich falsch geschrieben hatte, verstand ich, warum mir meine Freunde zu einem Textverarbeitungssystem geraten hatten. Wenn ich etwas buchstabieren soll, weiß ich nicht nur nicht, wie es richtig geschrieben wird, sondern ich weiß auch nicht mehr, wie ich es zwei Sätze vorher geschrieben habe.

Vielleicht fragen Sie sich jetzt, wieso in einem Buch dieser Art so viel über meine Erfahrungen mit einem Computer steht, und ich will es Ihnen erklären. Ich finde es sehr wichtig. Ich finde, wenn sogar ich durch Ausdauer alle diese Dinge lernen konnte, um mein Buch schön herauszubringen, dann kann es sicherlich jeder. Ich war wahrhaftig kein geeigneter Kandidat für diese Art von Arbeit, und doch benutze ich das Ding. Ich meditiere lieber, als daß ich am Computer arbeite, aber er dient mir, und dafür bin ich dankbar. Jetzt hoffe ich, daß vielleicht jemand, der etwas Wunderbares mitzuteilen hat und findet, daß Schreiben, Orthographie und der Gebrauch von Computern weit außerhalb seiner Reichweite liegen, sich so ermutigt fühlt, daß er das Projekt noch einmal neu angeht und durch die Freude des Schöpfens belohnt wird.

Noch mehr Botschaften

Ich gehe jetzt ein wenig in der Zeit zurück, um die Botschaften einzuschließen, die ich um Weihnachten und Neujahr herum empfing. Im Fernsehen hatte es ständig irgendwelche Sendungen über Elfen und Seejungfrauen und alle möglichen Phantasiegeschichten über Tiere gegeben und unter anderem auch Verfilmungen von Beatrix Potters Tiergeschichten für Kinder. Zweifellos war die Atmosphäre voll von Gedankenformen aus diesen Programmen, und ich konnte nicht verhindern, daß sie in der Meditation auf mein Bewußtsein übergriffen. Während ich mir "Peter Kaninchen und alle seine kleinen Freunde" ansah, hörte ich eine Stimme, die nicht zu der Sendung gehörte, sagen, daß die Leute, die alle diese reizenden kleinen Tierfiguren erschaffen, und die, die sie ins Fernsehen bringen, ihre eigene Art spiritueller Arbeit leisten. Die Kinder bekommen (fast immer) ein warmes Gefühl für die Tiere, und in den Köpfen der Leute bleibt die mögliche Realität von zum Beispiel Seejungfrauen, Elfen, Einhörnern und dergleichen lebendig. Auch wenn es nur die "Idee" ist, daß es sie gibt, und keine "Überzeugung", so wird dadurch doch eine Grundlage gelegt, auf der eine zukünftige Philosophie oder Bewußtseinserweiterung für die Menschheit aufbauen kann.

Ich persönlich bin sehr neugierig auf Einhörner. Ich hatte die Möglichkeit, daß es sie wirklich gibt, abgetan, bis ich Anfang Dezember 1990 während einer Meditation zu Hause den Kopf, den Hals und die Schultern eines Einhorns sah. Ich hatte keinen Zweifel an der Realität des Bildes, aber ich fand, es sah ein bißchen leblos aus, und fragte mich, ob es vielleicht nur eine vorübergehende Gedankenform war. Ein paar Tage später sah ich, als ich nicht meditierte, wieder eines oder auch dasselbe Einhorn. Es sah genauso aus und kreuzte mein Blickfeld von rechts nach links. Der große Unterschied war diesmal, daß es lebendig aussah! Als es an mir vorbeiging, sah ich, wie es mir den Blick zuwandte und mich eingehend anschaute, so als ob es sorgfältig meine Reaktion auf seine Gegenwart beobachtete. Ich hatte keine Angst und war äußerst interessiert.

Nach Galisteo, nachdem ich in meinen Sitzungen so viel mit den männlichen und weiblichen Energien gearbeitet hatte, die in uns allen sind, konnte ich nicht umhin, mich (zum zigsten Male) zu fragen, ob es nicht vielleicht gut wäre, eine Beziehung zu einem Mann zu haben. Ganz glücklich war ich bei dem Gedanken nicht, denn selbst wenn ich mir erfolgreich eine solche Beziehung manifestierte, würde sie mich womöglich von meiner Mission und meiner eigenen Arbeit ablenken, die meinen eigentlichen Lebenssinn ausmachten. Ich befürchtete, daß sie mich möglicherweise von der spirituellen Seite meines Lebens, die ich nähren wollte, wegziehen würde. Zweitens konnte es ja sein, daß, wenn ich mich verliebte und dafür alles aufgab, ich mich nach drei Monaten wieder "entlieben" würde und dann einfach irgendwo zusammenbräche und alles verloren hätte. Diese Gedanken waren es sicherlich, die die folgende kurze, aber schöne Meditation hervorbrachten.

Am 21. Januar kam zu meinem Entzücken eine Seejungfrau zu mir. Wir befanden uns auf dem Grunde des Ozeans; die Seejungfrau saß auf einem kleinen Felsen, und ich schwebte ein paar Meter von ihr entfernt. Sie schickte mir eine große rosa Blase durch das Wasser. Ich nahm sie freudig in Empfang und wünschte mir automatisch, ihr auch eine schicken zu können. Als meine Blase für sie von mir wegschwebte, sah ich, daß sie hellblau war. "Zieh sie an!" befahl sie, als ich meine rosa Blase in den Händen hielt. Ich trat hinein, wie geheißen, und bemerkte, daß sie die hellblaue Blase anhatte, die ich ihr geschickt hatte. Wir schwebten aufeinander zu, und dann, mit leicht nach vorne und seitwärts gestreckten Armen und beiden Blasen aneinandergepreßt, gelang es uns, uns an den Händen zu halten, wodurch die rosa und die hellblaue Blase noch enger zusammenkamen. In diesem Moment ging ein Teil meines Bewußtseins, obwohl ich noch immer ihre Hände hielt, ein paar Meter weg, so daß ich das Geschehen

von außen betrachten konnte. Es geschah etwas Bemerkenswertes. An der Seite, wo die beiden Blasen zusammengepreßt waren, fingen sie an, ineinander überzugehen wie zwei Zellen, die zu einer Zelle werden. Es war kein vollständiges Ineinanderübergehen, aber die Hälfte jeder Blase verwandelte sich in einen wunderschönen Lilaton, wo das Rosa und das Blau sich vermischten, während die andere Hälfte ihre ursprüngliche Farbe beibeibehielt. Die Seejungfrau erklärte mir, so könnte eine Beziehung aussehen, wenn die männliche (blaue) Energie und die weibliche (rosa) Energie zusammenkämen – eine wirklich spirituelle Energie. Lila ist für mich die Farbe der Spiritualität. Und doch konnte man sehen , daß beide Energien einen Teil ihrer ursprünglichen Farbe und Identität beibehielten.

Ich glaube, solch wunderbare Dinge kann nur eine Seejungfrau machen, denn diese Wesen sind so verbunden mit der Quelle, aus der wir alle kommen und in die wir alle zurückkehren.

Von den Primaten

Als ich im Februar mit Linda T.-J. sprach, bat sie mich darum, mich mit dem höheren Bewußtsein der Primaten in Verbindung zu setzen und zu fragen, ob sie etwas zu sagen hätten. Sie meinte, das könne aufregend sein. Sie arbeitete gerade mit Schimpansen, die zuvor in einem Forschungslabor gewesen waren. Ich sagte zu, aber nachdem ich ein wenig darüber nachgedacht hatte, gefiel mir der Gedanke nicht, mich einfach hinzusetzen und sie zu rufen. Ich hatte das Gefühl, es sei nicht der richtige Zeitpunkt, und ich wußte, daß sowohl ich als auch die Umgebung genau stimmen mußten, um die besten Ergebnisse zu bekommen. Die Tiere hatten immer genau gewußt, wann sie zu kommen hatten, daher beschloß ich, eine Weile zu warten, ob sie vielleicht von selber kamen, und stellte keine Fragen.

Am 2. März setzte ich mich ziemlich viel später als sonst zu meiner Abendmeditation hin, nachdem ich zuerst Körper und Geist mit einer halben Stunde Tanzen im Kerzenlicht zur Ruhe gebracht hatte. Es war hauptsächlich eine stille Meditation, aber da ich wußte, daß trotz des Waffenstillstands am Golf dort noch immer große Not und Elend herrschten, öffnete ich mein Kronenchakra wie eine Weitwinkel-Kameralinse, um so viel weißes Licht wie möglich hereinzuziehen und es dann durch meinen Körper zum Golf zu schicken, wo es gebraucht wurde. Ich dachte an die Bäume und wie weit sie oben offen waren, wenn sie Licht kanalisierten.

Ich hatte das erst einen Augenblick lang getan, als ich dachte: "Hier geschieht etwas", und auf "höchste Wachsamkeit" schaltete. Ich blickte in das Gesicht eines mittelgroßen Affen. Es war keine flüchtige Gedankenform, denn während ich es beobachtete, kam langsam der übrige Körper in Sicht, und gleich darauf erschienen vier oder fünf weitere Affen. (Ich weiß nichts über Primaten, deshalb bedeutet bei mir "Affe" dasselbe wie "Schimpanse".) Diese Affen lebten in Gefangenschaft, aber sie hatten eine Menge Spielsachen und waren sehr beschäftigt. Einer von ihnen hatte eine "Tröte", eines dieser Dinger, die sich zu einer langen Schlange entrollen, wenn man hineinbläst, und er war sichtlich entzückt von seinem Spielzeug, denn er rannte umher und blies kräftig hinein. Alle vergnügten sich mit irgend etwas, und es war sehr unterhaltsam, ihnen zuzusehen.

Als nächstes sah ich Menschen, die ihnen zuschauten. Sie waren sichtlich bewegt. Ich bemerkte, daß einige dieser Primaten unglaublich anziehende Gesichter hatten. Die Menschen waren jedoch kein normaler Querschnitt der Gesellschaft, wie man es zu sehen erwartet. Manche hatten Verhaltensstörungen oder waren geistig unterentwickelt. Manche waren sehr zurückgezogen oder unfähig, mit anderen Menschen in Beziehung zu treten, aber sie zeigten solches Interesse an den völlig ungehemmten Schimpansen, daß sie sich allmählich ein wenig aus sich heraustrauten. Die Tiere heilten buchstäblich die Menschen.

"Ihr rehabilitiert uns, und wir rehabilitieren euch", sagte einer von ihnen.

Die Szene veränderte sich, und ich sah einen großen schwarzen Gorilla von hinten, der sich über eine Weltkarte beugte. Mit dem Zeigefinger zeigte er auf zwei Gebiete. Eines war der Regenwald im Amazonasgebiet in Südamerika und das andere war Australien. Als er sich umdrehte, sah ich, daß er dabei war, eine halbgeschälte Banane zu essen. Trotzdem, obwohl er noch mit vollen Backen kaute, konnte er mir sagen:

"Wir haben einen Plan, mit dem helfen wir jedermann." Die einzige Vorbedingung dafür, so sagte er mir, sei, daß wir mit ihnen zusammenarbeiteten. Etwas Genaueres wurde nicht mitgeteilt, aber es leuchtet wie ein heller Hoffnungsstrahl.

30

Die Weisheit des Bewußtseins

Wenn ich meinem Herzen folge, mache ich reiche Erfahrungen. Als ich in die Schweiz fuhr, um mit dem Light-Institute zu arbeiten, hatte ich es damit gerechtfertigt, daß ich mir sagte, es wäre gut, meine Neugier zu befriedigen (vielleicht sollte ich 'brennende Neugier' sagen), so müßte ich dann nicht den Rest meines Lebens überlegen, wie es wohl gewesen wäre und so weiter. Ich dachte überhaupt nicht daran, daß ich womöglich noch einmal hinfahren würde. Dann fuhr ich ganz unerwartet (was mich betraf) im folgenden Januar nach Galisteo und verblüffte mich selbst noch mehr, indem ich im April darauf schon wieder hinfuhr, diesmal zu einem Workshop über Spiritualität.

Für mich ist das Bewußtsein dieses magische Etwas, das die Bewegungen der Universen und alles, was ist, lenkt. Für mich bedeutet es die Gott-Energie, die in allem gegenwärtig und sich ihrer selbst bewußt ist. Manchmal verbindet man sich in der Meditation mit dem Bewußtsein der Tiere, manchmal mit dem Pflanzenreich, manchmal mit dem Mineralreich, manchmal mit dem Bewußtsein seines eigenen Höheren Selbst oder mit anderen Planeten und deren Bewohnern oder sogar, in sogenannten Sitzungen über vergangene Leben, mit der Bewußtheit und dem Wissen, das wir in anderen Inkarnationen gewonnen haben. Von dieser Art von Erfahrung möchte ich berichten. Wie gewöhnlich kam eine Reihe "schlimmer" Leben zum Vorschein, was nützlich war, weil wir sie so bearbeiten konnten, aber für dieses Buch sind zwei andere von größerer Bedeutung.

Das erste interessante Leben ist die Geschichte einer weiblichen Hellseherin. Es war in einem warmen, trockenen Klima, wo der Boden mit rötlichem Sand bedeckt war. Wie es der Brauch war, war ich schwarz gekleidet und hatte sonnengebräunte Haut. Ich schätze, es ist mindestens ein paar hundert Jahre her, aber das Aufregende daran war, daß ich meine hellseherischen Gaben auf eine spirituelle Weise voll einsetzte, ohne dafür eingesperrt zu werden, ohne meine Freunde zu verlieren oder als Hexe verbrannt zu werden. Ich tat auch nichts, um unerwünschte Aufmerksamkeit auf mich zu lenken. Ich sah mich neben einer wassergefüllten Urne stehen. Ich verstand etwas von Wasser und wußte, daß Wasser von verschiedenen Orten verschiedene Energien in sich hat. Ich spürte die Energie der Bäume und war mir besonders der sich bewegenden Energien, der Auras und feinstofflichen Körper bewußt. Ich konnte meine eigene Aura wie eine Antenne ausstrecken und spüren, wie andere Energien mit meiner in Austausch waren. Ich sah hellsichtig die Energie, die in den Bäumen auf und ab lief, und wußte, daß diese Energie, die ich sah, das war, was hinter der Schöpfung steht. Dies war Gott. Ich beobachtete, daß Energie ihre eigene Intelligenz hat und daß sie destruktiv sein kann. Wenn irgendwo Korruption herrschte, sah ich verschmutzte, dunkle, schwere Energiefelder. Man konnte ihnen helfen, indem man ihnen Licht schickte, das die Dunkelheit verwandelte. Ich sah, wie die schlechte Energie Menschen ansteckte, die unbewußt an diese Orte kamen. Nur Menschen meiner wirklich starken Aura von Licht konnten unbeeinträchtigt hindurchgehen.

Wo Gewalttätigkeit und böse Gedanken geherrscht hatten, wurde das Energiefeld so schwer und dicht, daß es beinahe wie eine dicke Suppe aussah. Ich verstand nun, warum es so wichtig ist, seine eigenen Gedanken rein zu halten.

Ich war mit ein paar Frauen eng befreundet, und wir gingen manchmal in Gruppen zu zweit oder zu mehreren hinaus, um die Atmosphäre zu reinigen, diese dunklen Energien zu vertreiben und auch, um den Geistern, die sich an solchen Plätzen verfangen hatten, zu helfen, wieder ins Licht zu finden. Wir zogen das Licht durch das Kronenchakra in unseren Körper herein und lenkten es vom Solarplexus aus in die Dunkelheit hinaus, zuerst ganz sachte, da die Geister, denen wir helfen wollten, das Licht nicht gewohnt waren, und wir sie nicht blenden oder erschrecken wollten. Wenn die Geister bereit waren, kamen Engel und halfen, sie wegzuführen. Die Engel blieben für die, denen sie halfen, manchmal unsichtbar, um sie nicht in Aufruhr zu versetzen. Ich widmete fast mein ganzes Leben dieser Arbeit. (Vielleicht war es Karma für irgend etwas Schreckliches, das ich in anderen Leben getan habe.)

Ich webte auch Stoff, oder jedenfalls sah es für die Leute so aus. Ich webte Gedankenmuster von Licht und Heilung in den Stoff, so daß die Leute, die ihre Kleider daraus machten, erhoben und geheilt wurden.

Mein Tod kam überraschend, denn ich war bei guter Gesundheit und hatte ein gutes Leben, auch wenn ich schon sechzig Jahre alt war, was als sehr alt galt. Es war ein schöner und einfacher Tod! Ich lag allein in der Dunkelheit der Nacht auf meinem Bett, als mein kleines Zimmer plötzlich von Licht erfüllt war. Ich sah zwei Engel in der Tür stehen. "Es ist jetzt Zeit für dich, mit uns zu kommen", riefen sie mir zu. Ich stand aus meinem physischen Körper auf, ließ ihn auf dem Bett liegen und ging mit den Engeln fort, die mich an einen schönen Ort brachten, wo ich ausruhen konnte.

Bei dem zweiten Leben, von dem ich erzählen möchte, hatte mir meine Begleitperson gesagt, ich solle mein Höheres Selbst bitten, mir ein Leben zu zeigen, in dem es mir gelungen war, meine Göttlichkeit zu leben. (Um die Relationen klarzustellen, möchte ich sagen, daß wir am selben Tag ein zweites Leben als Frau bearbeiteten, in dem von Vergewaltigung, Inzest, Unterdrückung und Angst bis zu einer langwierigen Krankheit und einem schmerzhaften Tod alles vorhanden war.)

Dieses Mal ging ich also als junger Mann von kleiner Gestalt irgendwo in einem südlicheren Bereich der Britischen Inseln einen Hügel hinauf. Ich ging einer Menschenmenge voran, deren Lehrer ich war. Mein Herz war leicht, und ich war glücklich, denn ich folgte immer meinem Herzen und hatte deshalb keine Reuelast zu tragen. Auf dem Weg sprach ich zu den Menschen, belehrte sie über die Sonne, den Mond und die Sterne. Manchmal zündeten wir abends ein Feuer an und saßen unter dem Sternenhimmel darum herum, während ich sie lehrte, was ich wußte. Meine Anhänger waren auch meine Freunde, und wir arbeiteten zusammen an Sternenkarten. Ich war Astrologe und verbrachte viel Zeit mit Forschen und dem Aufschreiben meiner Erkenntnisse.

Ich war voller Freude und strahlte sie auf die Menschen um mich herum aus. Mir war bewußt, daß alle Sterne und Planeten verschiedene Energien haben, und fühlte, welche von ihnen jeweils auf die Erde einwirkten. Da ich über übersinnliche Kräfte verfügte, ging ich außerhalb meines Körpers auf Reisen zu den einzelnen Planeten, zu Venus, Saturn und den Plejaden und verschiedenen anderen. Ich schlüpfte aus meinem physischen Körper hinaus und begab mich auf einer silbernen Linie direkt zu meinem Ziel hin. Ich war während dieser Astralreisen sehr bewußt und konnte mich anschließend an alles erinnern, was ich erlebt und gelernt hatte.

(An dieser Stelle in der Sitzung bat mich mein Begleiter, auf eine solche Reise zu gehen. Sie stellte sich als anders heraus als erwartet!)

Der Planet, zu dem ich reiste, hatte eine stark orangefarbene Energie. Als ich ankam, spürte ich einen starken Sog auf meine unteren Chakras (vom Solarplexus abwärts) und fühlte, wie die Energie des Planeten mich durchpulste. Ich spürte auch eine Wirkung auf meinen Kopf und die oberen Chakras , aber die Farben, das ganze Spektrum von Rot bis Gelb, waren nur in meinem Unterkörper da. Ich empfand es als eine merkwürdige Energie, sehr stark und mit einer starken Wirkung auf die Bewegung und Bewußtheit des physischen Körpers. Es war eine schwere Art von Schwingung, aber nicht zu schwer. Ich hatte das Gefühl, daß diese Energien etwas mit Fortpflanzung zu tun hatten. Als ich zur Erde zurückkehrte, brachte ich die Schwingung und die Energie dieses Planeten mit zurück. Ich sah mich um und bemerkte, daß sie die Fortpflanzung im Reich der Tiere und Pflanzen bewirkte. Ich spürte, wie diese Energie in meinem Körper mich durch die Dunkelheit trieb, bis ich eine Frau in den Armen hielt, die , wie sich später herausstellte, die vollkommene Frau für mich war. Die Energie hatte die ideale Partnerin für mich manifestiert. Sie führte meinen Haushalt, sie war mir sehr teuer, und sie schuf für uns und unsere Kinder eine liebevolle Umgebung zum Leben. Ich glaube, das geschieht, wenn man reinen Herzens ist. Gleiches zieht Gleiches an, und man wird einfach auf der Energieebene zu einem Partner hingezogen, anstatt sich zum Beispiel einen auszusuchen, weil er schöne blaue Augen hat. Das einzige traurige Erlebnis, das auftauchte, war der Tod unseres jüngsten Kindes, aber ich sorgte für die anderen vier Kinder und für meine Frau, und das half mir, diese schwierige Zeit durchzustehen.

Es überrascht wahrscheinlich nicht, daß ich in einem Leben, wo ich so bewußt mit den Planeten verbunden war, noch mehr Kontakt mit ihnen haben sollte. Als Helena war ich jedoch völlig verblüfft, mich als diesen Mann zu sehen, der eines Nachts , als er einen Hügel hinaufspazierte, um seine Freunde (Mond und Sterne) zu betrachten, auf halbem Wege ein UFO traf, das auf ihn wartete. Als dieser Mann zögerte ich keinen Augenblick, sondern ging einfach weiter und in das Raumschiff hinein, als wäre das ganz alltäglich. Das Raumschiff hob ab, und plötzlich waren wir außerhalb der Dimension des Planeten Erde. Das UFO und alles an ihm war wie ein sehr helles gelbes und weißes Licht. Ich wußte, daß ich in einem menschlichen Körper außerhalb der Erdatmosphäre nicht sehr lange überleben konnte, und die Leute aus dem All wußten das auch, deshalb versammelten sie sich beinahe augenblicklich um mich, und indem sie mich ganz leicht berührten,verwandelten sie meinen Körper in etwas, was wie ein Lichtkörper aussah und in dem ich bequem leben konnte, während ich bei ihnen war. Die Schwingungen waren hier schneller und leichter als auf dem Planeten mit der orangefarbenen Energie, und ich fühlte mich sehr wohl bei ihnen. Ich bemerkte, daß sie bei der Transformation meines Körpers einen bestimmten Teil sorgfältig umgingen, nämlich den Teil, in dem mein Wissen von der Erde gespeichert war, mein Wissen darum, was es bedeutet, ein Mensch zu sein. Stück für Stück teilte ich dieses Wissen mit ihnen. Es interessierte sie, etwas über Emotionen und menschliches Verhalten zu erfahren.

Ich für meinen Teil war sehr fasziniert von allem, was ich um mich sah. Inzwischen schienen sie von der Realität des Raumschiffes in ihre eigene Dimension übergewechselt zu sein, ohne daß es irgendeinen klar definierten Augenblick gegeben hatte, in dem das geschah. Wir existierten einfach in der planetarischen Realität, die sie als ihre normale Umgebung betrachteten. Diese Wesen kannten keinen Schmerz und keine Emotionen, es war, als ob sie nur auf einer mentalen und intuitiven Ebene lebten. Während ich bei ihnen war, empfand ich daher keinen Schmerz, und mir war noch nicht einmal bewußt, daß ich soeben meine geliebte Frau und meine Familie hinter mir gelassen hatte. Dieses Wissen kehrte erst wieder zurück, nachdem ich die Wesen aus dem All verlassen hatte, das heißt, nachdem wir vollständig unser Wissen ausgetauscht hatten. Ich hatte wirklich sehr viel über das Funktionieren ihrer Wirklichkeit gelernt. Als ich sie verließ, stieg ich auf und ließ meinen Raumkörper zurück (er schien sofort von der Atmosphäre absorbiert zu werden), durchlief eine Zone von hellem Licht und gelangte schließlich an einen Ort, wo ich wußte, daß ich nirgends mehr inkarniert war. Ich erinnerte mich an meine Frau. Ich merkte, daß auf der Erde nur eine kurze Zeitspanne vergangen war, daß ich während meiner Abwesenheit ein ganz anderes Zeitempfinden gehabt hatte. Die Zeit schien bei den Raumleuten viel elastischer zu sein, irgendwie außerhalb der Zeit. Sie bewegten sich durch die Zeit und in sie hinein und aus ihr heraus. Es war alles viel flexibler als auf der Erde, denn es gab keine bestimmte Zeit und doch irgendwie alle Zeit. Unsere Sprache ist kaum geeignet, das zu beschreiben.

Inzwischen waren unsere Kinder beinahe erwachsen und konnten ohne uns auskommen. Meine Frau vermißte mich und stand kurz vor ihrem Tode. Ungefähr fünf Nächte lang nahm ich im Schlaf Kontakt zu ihr auf, um sie darauf vorzubereiten. Dann geschah etwas Schönes. Ich kam in meinem geistigen Körper an ihr Bett, nahm sie an der Hand und hob sie aus ihrem physischen Körper heraus, und als die Silberschnur abriß, gingen wir zusammen fort. Es war ein sehr freudiges Wiedersehen.

Als Helena da auf dem Tisch sah ich die Linie von starkem, weißem Licht, die mich noch immer mit dieser Realität verbindet. Ich spürte die Energie dieses Planeten mächtig durch meinen Körper pulsieren und hatte wieder das Gefühl von Heimweh und Sehnsucht nach dem, was ich verlassen hatte. Ich sah auch, daß ich noch mit anderen Orten verbunden bin. Viele andere Verbindungslinien gingen von meinem Körper in verschiedene Richtungen aus, aber diese leuchtend weiße Linie war bei weitem die stärkste. Dieses Erlebnis bestätigte mir die Richtigkeit dessen, was ich in Kapitel 6 erzählt habe, wo der Engel mich während einer Meditation bei George Pratt zu dem anderen Planeten gebracht hatte.

Mir ist ganz klar, daß kein Teil des Bewußtseins eine Insel ist. Wir sind alle Teile des Ganzen, und wenn wir das erkennen, wird das Ganze auf jeder Ebene stärker. Es ist auch logisch, daß, wenn ein Teil des Universums krank ist, die Gesundheit des Ganzen leidet. Deshalb haben Außerirdische natürlich ein Interesse daran, die Situation auf dem Planeten Erde zu verstehen und uns zu helfen.

Als ich das folgende Gedicht empfing (Februar 1988), versuchte ich gerade zu channeln und schrieb die Worte auf, wie sie mir kamen. Ich verstand damals viel weniger als jetzt und tat es deshalb größtenteils als Unsinn ab, aber ich heftete es immerhin zusammen mit all meinem anderen Unsinn in einen Ordner! Jetzt scheint es mir ein passendes Ende für dieses Buch abzugeben. Ich finde nicht mehr, daß es Unsinn ist.

Ein Gedicht – mein Abschiedsgeschenk

O Stern! Ich frag mich, was du bist,
Wie still und hell und fern,
Dein funkelnd' Auge spür ich wohl
Mir durch den Himmel glänzen.

An der Wahrheit laß mich zweifeln nie,
Die mit der Jugend verblaßt.
Laß mich ganz klar die Wahrheit sehn,
Nach der mein Herz sich sehnt.

Es genügt nicht, durch dieses Leben zu gehn,
Als ob ich alleine wär,
Die Not der andern nicht zu sehn,
Auch wenn es noch so schwer.

Und so, du leuchtender, funkelnder Stern,
Der dies Universum mit uns teilt,
Schicke uns Weisheit,
Denn wir sind von dir
Und du von uns.

Danksagung

Ich möchte Linda Tellington-Jones
für ihre Hilfe, Unterstützung und ihren Rat herzlich danken.
Ohne ihre Hilfe hätte ich dieses Buch nie schreiben können.

Dankbar bin ich auch Chris Griscom für die Ermutigung,
die sie meiner Malerei hat zuteil werden lassen,
sowie für den Gewinn, den mir meine Sitzungen
an ihrem Light-Institut gebracht haben.

Helena Hawley